CW01455486

Jordanien

Mit Jerusalem und Umgebung

Top 12		Restaurant	
besonderer Tipp		Unterkunft	
Warnung		Nightlife	
Info		Shopping	
Hinweis		Literatur	

POLYGLOTT-Top ⭐12 Umschlagklappe vorne

Allgemeines

Städtebeschreibungen

Die Hauptstadt des haschemitischen Königreichs ist mit ihrem Suq, dem Römischen Theater, Moscheen und Museen
mehr als nur Standquartier und Ausgangspunkt für Touren
durch das Land.

Petra – Felsenwunder:
die alte Hauptstadt der Nabatäer Seite 39

Das legendäre Petra, eines der großartigsten und rätselhaftesten architektonischen Wunder der Welt, ist Höhepunkt jeder Jordanienreise.

Touren

Tour 1

Das Meer – der Fluss – die Wüste Seite 49

Vom Toten Meer den Jordan entlang nach Jerash – das Kontrastprogramm dieser Tour reicht vom Badeerlebnis im Toten Meer bis zur Erkundung des antiken Jerash, dem »Pompeji des Ostens«.

Tour 2

Zu den Lustpalästen der Kalifen Seite 63

Zu den berühmten Schlössern mitten in der Wüste und in die Oase Azraq, wo man die einst so reiche Flora und Fauna der Region noch erleben kann.

Tour 3

Auf den Spuren der Bibel Seite 70

Frühchristliche Ruinen, weltberühmte Mosaiken, eine spektakuläre Wüstenlandschaft und heiße Thermalquellen erwarten die Reisenden auf dieser Tour.

Tour 4

Auf der Straße der Könige Seite 76

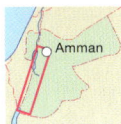

… bestaunt man Kreuzfahrerburgen, nabatäische sowie römische Siedlungen und gelangt nach Aqaba, der beliebten Tauch- und Badedestination am Roten Meer.

Im Wadi Rum

Bildnachweis

APA Publications/Gary John Norman: 94-2, 96, 98-2; Archiv für Kunst und Geschichte: 87; Bildagentur Huber/R. Schmid: 83; edition Vasco/W. Seitz: 6, 10,
23-1, 23-2, 24, 41-2, 42, 52, 53, 60-1, 65, 69, 72-2, 74, 80, 94-1, 98-1; Achim Gaa-
sterland: 13, 14, 16, 21, 27, 44-2, 48-2, 51-2, 58, 60-2, 68, 77-2, 86; Dr. Gerhard
Heck: 9; Bernd Helms: 36, 44-1; Volkmar Janicke: 108, Umschlagrückseite unten;
Jordan Tourism Board: 5, 31, 47, 51-1, 67, 73, 79, 84, 85, 89, Umschlagrückseite
oben; Gerold Jung: 29; laif/Hedda Eid: 38-1; laif/Kirchgessner: 25, 35, 55;
laif/Riehle: 8; Sabine von Loeffelholz: 7, 11, 33, 41-1, 48-1, 71-2; mauritius-ima-
ges/H. Mollenhauer: 71-1; Mansour Shawki Mansour Muasher: 59; mauritius-
images/Bruno Morandi: 92; mauritius-images/Hans Winter: 91; Harald Mielke:
77; The Royal Society for the Conversation of Nature (RSCN): 82; Titelbild:
IFA Bilderteam/Jon Arnold Images.

Halawa – süße Qual

Die schmackhafteste Versuchung des Orients

Betörende Düfte nach Jasmin-, Rosen- oder Orangenblütenwasser begleiten die sinnliche Komposition aus Nüssen, Mandeln und Honig, im Arabischen **Halawa** (zu Deutsch: alles, was süß ist) genannt. Grundsubstanz sind gemahlene Sesamsamen, die mit verschiedenen Zutaten in großen Blöcken hergestellt werden. So können je nach Heißhunger und Geschmack unterschiedlich dicke Scheiben abgeschnitten werden.

Das Wort *halawa* kann, je nach Betonung und Aussprache, auch andere Bedeutungen haben, z. B. »Du bist schön«. In Ägypten wird traditionell eine auch in Deutschland erhältliche zuckerhaltige Substanz zum Enthaaren des Körpers als Halawa bezeichnet.

Köstlichkeiten für (fast) jede Gelegenheit

Halawa und Baklava, beides unter dem Oberbegriff Halawa zusammengefasst, sind ein beliebter Willkommensgruß für Besucher, Leckerei zwischen den Mahlzeiten und auch am späten Abend, wobei Kaffee oder Tee und – nicht selten – die brodelnde Wasserpfeife den Genuss steigern. Sogar pikant – als Käse-Halawa – gibt es diese Spezialität, und bei fröhlichen Anlässen wie Hochzeit oder Geburt versüßt Festtagshalawa die Feier. Begräbnis-Halawa aus Hartweizengrieß wird den Trauernden am Grab angeboten.

Die Kunst der Baklavaherstellung

Durch die Gassen und Straßen Ammans zieht der Duft von Baklava, dem wunderbar süßen, klebrigen arabischen Nationalgebäck aus Fillo-Teig, das auf Blechen, geschnitten in mittelgroße Rhomben oder Quadrate, zum Kauf angeboten wird. Zahlreiche Bäckereien sind den ganzen Tag über mit seiner Herstellung beschäftigt, um es stets frisch anbieten zu können.

Jede Bäckerei hütet ihr Geheimnis um die Zusammenstellung der Füllung aus Butterschmalz, Walnüssen, Mandeln, Pistazien, Haselnüssen, Rosenwasser sowie einem Sirup aus Zucker, Zitronensaft und Orangenblütenwasser.

Süßigkeiten sind Vertrauenssache

Geduldig wartende Menschenschlangen vor einer Bäckerei sind ein Indiz für hohe Qualität. Und in den meisten Geschäften herrscht Hochbetrieb, schließlich gilt es, die anspruchsvolle Kundschaft zufriedenzustellen.

Nach einem Besuch der Ruinen des Römischen Amphitheaters im Zentrum der Altstadt Ammans sollte man sich also von dem Menschenauflauf vor dem gegenüberliegenden Backwarengeschäft **Al-Asahhip Akhadar** nicht abhalten lassen. Das Warten lohnt sich! Der Familienbetrieb konzentriert sich auf Makroudh (Dattelgebäck) und Varianten von Baklava.

Halawa – ein ideales Mitbringel

Es begann in Jerusalem im Jahre 1860, als Mohamed Zalatimo sein aus besten Zutaten kreiertes süßes Backwerk Mutabbaq an Nachbarn verkaufte. Heute besitzen seine Ur-Urenkel Ahmed und Talal Wael das renommierteste Kuchen- und Backwarengeschäft in Amman. Zu ihren Kunden zählt, wie könnte es anders sein, auch die königliche Familie. Ahmed und Talal Wael Zalatimo führen auch noch immer das alte Geschäft in Jerusalems Altstadt.

Zu ihren Spezialitäten gehören die schmackhaften Asabi (»gefüllte Finger«) mit Pistazien- und Pinienkernen oder die köstlichen Nabulsieh (»Gebäck aus der Stadt Nablus«) mit Pistazienfüllung und Honig. Wegen der großen Nachfrage exportieren die Zalatimos ihr Gebäck in schönen Dosen in alle Welt.

■ **Caffé Moka,** Abdoun Circle, Amman, Tel. (06) 592 62 85, tgl. 8–22.30 Uhr

■ **Chantilly,** Abdoun, Amman, Tel. (06) 592 12 99.

■ **Al-Farouki,** Shmeisani, Amman, Tel. (06) 592 62 85.

■ **Babiche,** Elia abu-Madi Street 8, Amman, Tel. (06) 566 13 22.

■ **Al-Asahhip Akhadar,** Al-Hashemi St., Amman, tgl. 8–22 Uhr, Tel. (06) 464 18 31.

■ **Zalatimo Brothers for Sweets,** Shmeisani (Amman), Abdul Hamid Sharaf St., Tel. (06) 568 10 18, Sa– Do 8–20, Fr 8–13 Uhr, www.zalatimosweets.com (Onlinebestellung möglich)

Tradition und Moderne

Al-Burgan, zwischen dem 2. und 3. Circle hinter dem Hotel Intercontinental, Tel. 465 25 85, alburgan@go.com.jo, Sa–Do 9–18 Uhr.

Artisana, Krishan Street, nahe 2. Circle, Tel. (06) 464 78 58, Sa–Do 9–18.30 Uhr.

Al-Afgani, Dschebel Weibdeh, Filiale am Dschebel Hussein, Tel. (06) 463 57 58, Fax 560 66 34, Sa–Do 9–18 Uhr. (alle Adressen in Amman)

Antikes, Beduinisches, Modernes

Handgeknüpfte Teppiche, die Geschichten vom Leben und Tod, von Liebe und Enttäuschung erzählen, von Frauen während endloser Gespräche bestickte farbenfrohe Kissen und Kleider. Glas aus Hebron, das in der Sonne wie Edelsteine funkelt, alte und neue Keramik sowie Gold- und Silberschmuck, der nicht nur Reichtum, sondern auch Glück symbolisiert – das traditionelle Kunsthandwerk hat in Jordanien eine lange Geschichte.

Traditionelles Kunsthandwerk

In Antiquitätengeschäften wird man sicher fündig und genießt bei einem Glas Tee die sprichwörtliche orientalische Gastfreundschaft. Spannender und authentischer jedoch ist ein Besuch im quirligen Suq, in dem gestenreich und mit blumigen Worten gefeilscht wird, so wie es schon der Prophet praktiziert hat – Orient pur.

Beduinische Tradition und modernes Design

Handgearbeitete Decken und Kissenbezüge, Portemonnaies und Brieftaschen, bestickte Tücher und Leinentaschen, palästinensische Gobelins – das alles findet man in großer Auswahl bei **Jordan River Designs,** einem Selbsthilfeprojekt für Kinder, das traditionelles Kunsthandwerk an die nächste Generation weitervermittelt und sich der Unterstützung des Königshauses erfreut.

▌**Jordan River Designs**
Abu Bakr al-Siddiq St. (Rainbow St.), 1. Circle, Tel. (06) 461 30 81, Sa–Do 10–18 Uhr.

Junge Kunst – zwischen Tradition und Moderne

Moderne Bildhauerei und Objektkunst neben byzantinischen Kirchenruinen, abstrakte Kunst, die Akzente setzt, und traditionelle Malerei – mit dem **Darat al-Funun** hat der Künstler Amar Khammesh, gesponsort von der Abdul Hameed Shoman Foundation, der Stadt und ihren Gästen ein wunderbares Geschenk gemacht. Ob Skulpturengarten, in dem im Sommer auch Konzerte stattfinden, dem Blue House oder in einem der anderen Teilbereiche des Anwesens, jeder verbindet Muße mit spannenden Kunsterlebnissen.

▌**Darat al-Funun,** Dschebel Weibdeh, Tel. (06) 464 32 52, Sa–Mi 10–19, Do 10–20 Uhr, www.daratalfunun.org

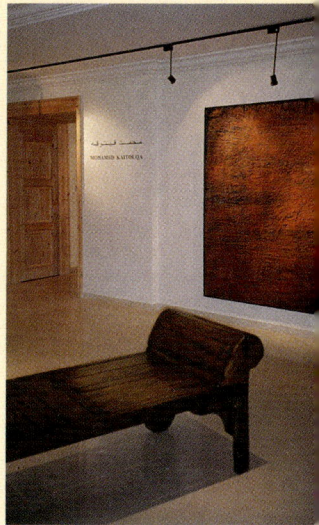

Die jordanische Avantgarde

Kunst ist schön, Kunst zu besitzen schöner. Mehr als ein Dutzend Galerien in Amman stellen nationale Malerinnen und Maler in »Show rooms« aus und bieten ihre Werke, meist nach monatlich wechselnden Ausstellungen, zum Verkauf an.

▌**Zara Gallery,** Grand Hyatt Amman, Tel. (06) 465 12 34, tgl. 10–22 Uhr.
▌**The Gallery,** im Hotel Intercontinental ist die älteste Kunstgalerie Ammans. Sie wurde 1972 gegründet. Tel. (06) 465 84 27, Sa–Do 8–19 Uhr.
▌**4 Walls,** Sheraton Hotel, Dschebel Amman, Nähe 5th Circle, Tel. (06) 592 09 02, Sa–Do 9–19 Uhr.

⭐ Drei Gebote muss man beim Handeln um den Preis beherzigen: erstens, nur dann damit beginnen, wenn man auch wirklich kaufen will; zweitens, nie eine Summe aussprechen, die man tatsächlich zu bezahlen bereit ist; und drittens, nie die Beherrschung verlieren (vgl. S. 37).

⭐ Wer sich ausführlich über die kunsthandwerklichen Leistungen diesseits und jenseits des Jordans informieren möchte, sollte den neuen, sehr anspruchsvollen Bildband **Cultural Treasures of Jordan** (Jordan's Traditional Crafts, Verlag: Turab, Amman 2000) vor Ort erwerben.

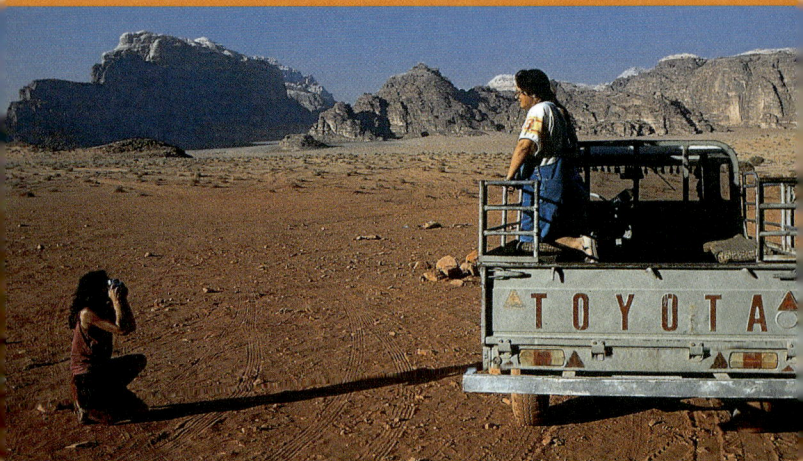

Die Wüste erleben

⭐ T. Howard/ D. Taylor, **Walks & Scrambles in Wadi Rum.** In jordanischen Buchläden oder unter jda@go.com.jo

▌**Wadi Rum Visitor Center,** tgl. 7–22 Uhr, Tel. (03) 209 06 00, Fax 203 25 86, www.wadirum.jo. Am Ende einer 27 km langen Asphaltstraße, die 50 km vor Aqaba in Querah vom Amman-Aqaba-Highway abzweigt. Der Komplex umfasst ein Infobüro der Royal Society for the Conservation of Nature samt Filmvorführraum, einen Naturladen und das Restaurant »Rum Gate«. Hier löst man sein Ticket für den Nationalpark (2 JD) und kann Exkursionen per Jeep oder Kamel buchen.

Keine Jordanienreise ohne einen Besuch des Naturschutzgebietes Wadi Rum (s. S. 87 ff.). Nirgendwo im Land kann man Wüste intensiver und eindrucksvoller erleben als in diesem weit verzweigten Trockental mit seinen herrlichen Bergformationen und ausgedehnten Sanddünen. Verwitterte Buntsandsteinberge ragen aus dem rosaroten Wüstensand, und Canyons durchschneiden hohe Sanddünen. Und in den Nächten prangt ein klarer, mit Millionen von Sternen geschmückter Himmel über beeindruckender Stille. Eine unermessliche Weite, zeitlos-schöne Heimat der Howeitat-Beduinen, die hier seit vielen Jahrhunderten als Nomaden leben.

Die Einzigartigkeit und Weite der Wüste lassen sich auf einer längeren Tour samt Übernachtung(en) unter freiem Himmel oder im Zelt am intensivsten genießen. Bleibt noch die Frage: Will man das Wadi Rum zu Fuß, mit dem Jeep, auf dem Kamel, im Heißluftballon oder als Freeclimber erkunden?

⭐ Am besten planen Sie Ihren Auflug direkt vor Ort am Eingang des Wadi Rum im **Visitor Center.** Organisiert werden die Wüstensafaris ausschließlich von ortsansässigen Beduinen, denen auch die Zelte gehören.

Abu Ainah – auf den Spuren von Lawrence

Nur 2,5 km oder eine Stunde zu Fuß vom Rest-house in Rum Village in südwestlicher Richtung sprudelt jene Quelle, die T. H. Lawrence in seinem Buch »Die sieben Säulen der Weisheit« unter der Eintragung am 11. September 1917 so eindrucks-voll beschreibt. »Lawrence's Spring« im Wadi Shelaali ist nach dem Resthouse und der Polizei-station der meistbesuchte Ort im Wadi Rum. Das Wasser der Quelle wird über eine nabatäische Wasserrinne geleitet und vom Berg herunter rinnend in einem Becken gesammelt. Die Quelle liegt etwas versteckt, ist aber an der grünenden Umgebung inmitten der Dünen- und Felsenland-schaften leicht auszumachen.

Desert for beginners

Hinter dem Resthouse werden auf dem Lager-platz gleich mehrere kleine Zweimannzelte ver-mietet (pro Person und Nacht 2 JD). Duschen und Toiletten im nahen Resthouse; typisch arabische Gerichte und viel heißer Tee sind im Preis inbe-griffen. Der Himmel ist hier nachts genauso sternenklar und die Stimmung fast genauso be-eindruckend wie mitten im Wadi.

Guides

❚ Unter den beduinischen Field Guides im Wadi Rum gibt es nur wenige, die gut Englisch sprechen. Einer von ihnen ist **Mzied Atieq** (Handy 077 730 45 01, Fax 03 203 28 19).
❚ Zu den Profis des Wadi zählt **Ahmed Jamlan** genannt **Abu Rami** (Handy 079 550 73 15, Fax 03 201 88 67); sein **Hillawi Desert Service** ist der am besten organisierte im Wadi.

Als beliebte Alternative zu Wüstenwanderungen hat sich **Klettern** etabliert, denn die Klippen aus Sandstein sind entgegen dem äußeren Anschein weder weich noch brüchig und bieten sich somit als ausgezeichnete Kletterwände an. Sie sind durchaus mit den Dolomiten vergleichbar. Es gibt ausgewiesene Wände mit Schwierigkeitsgraden von drei bis fünf. Eine von ihnen ist z. B. an der Ostseite der Jebel um Ishrin unweit des Massivs der »Sieben Säulen der Weisheiten«, auf der Westseite des Jebel Rum oder am Jebel Burdah. Eigene Ausrüstung ist mitzubringen.

Hoch über die Wüste

Im Heißluftballon über dem Wadi Rum zu schwe-ben, zählt zu den aufre-gendsten Abenteuern, die Jordanien bieten kann. Je nach Wetterlage begin-nen die Fahrten zwischen März und Oktober bei Sonnenaufgang ca. 300 m vor dem Visitor Center. Sie dauern etwa eine Stunde, der Preis beträgt 125 JD pro Person. Maxi-mal vier Personen haben im Korb Platz. Fernglas nicht vergessen!
❚ Information und Buchung: **Royal Aero Sports Club,** Amman, Tel. (03) 203 37 63.

❚ Einer der besten Field Guides mit Kletter-ausbildung in Europa ist **Sabbah Eid,** Tel. (03) 201 62 380 oder 077 789 12 43.

Orientalische Schatztruhe

Lage und Landschaft

Seine geschichtliche und kulturelle Bedeutung verdankt Jordanien zu einem Gutteil seiner Lage am Schnittpunkt zweier Großräume – dem relativ mediterranen, hügeligen im Westen und dem im Zentrum gebirgigen Wüstenraum, der gegen Osten hin in eine teils vulkanische, teils granitene Ebene übergeht. Auch kulturell ist das Land seit alters durch eine Zweiteilung geprägt: Während die westlichen, fruchtbaren Gebiete mehrheitlich von Bauern bewohnt sind, waren die Weiten des Ostens bis vor kurzem traditionell Beduinenland.

Die Trennlinie zwischen beiden Sphären und zugleich die markanteste topografische Ausformung bildet das Jordantal. Es ist Teil jener großen tektonischen Bruchlinie, die sich von der libanesischen Beqaa-Ebene bis nach Ostafrika erstreckt. In seinem zentralen Bereich teils auf jordanischem Gebiet liegt – 392 m unter Meeresniveau und damit so tief wie kein anderer trockener Punkt auf der Erdoberfläche – das Tote Meer. Südlich dieses extrem salzigen Binnenmeeres

(Salzgehalt: über 30 %) setzt sich der Jordangraben im Wadi Araba, einem Trockental, fort. Eingebettet zwischen dem Hochplateau der Wüste Negev (im Westen) und dem Bergland von Moab (im Osten) steigt es zunächst steil an, um dann weit sachter zum Golf von Aqaba abzufallen. 20 km südlich von Petra ragt der 1727 m hohe Berg Dschebel Mubrak auf.

Die Nord-Süd-Ausdehnung Jordaniens beträgt rund 380 km, die von Ost nach West rund 400 km. Nachbarn sind im Norden Syrien, im Nordosten der Irak, im Osten und Süden das Königreich Saudi-Arabien, im Westen Israel beziehungsweise das von Israel seit 1967 besetzte Westjordanland.

Klima und Reisezeit

Auch in klimatischer Hinsicht liegt Jordanien in einem Übergangsraum. Während im Westen noch die Ausläufer mittelmeerischer Witterung spürbar sind, herrscht weiter östlich in der Wüste klassisches Kontinentalklima. Daher kommen die Westhänge des jordanischen Berglands in den Genuss von ausreichendem Niederschlag, der im Winter gelegentlich auch in Form

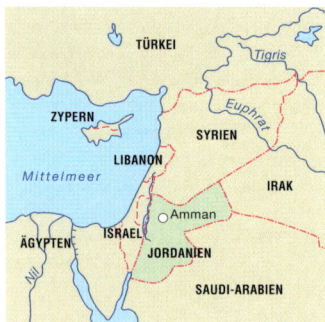

Sommer und Winter

Die Sommer sind in Jordanien mit graduellen Unterschieden je nach Höhenlage (zwischen dem 30. und 32. Breitengrad) entsprechend heiß. Die Winter können in Amman sehr feucht, kalt und windig sein. In Aqaba hingegen kann man auch dann an windgeschützten Sonnenplätzen im wohltemperierten Meer baden.

von Schnee fällt. Hier kann Regenfeld-
bau betrieben werden. Im Gegensatz
dazu ist im mittleren und südlichen
Jordangraben sowie auf den Wüsten-
plateaus im Osten Landwirtschaft nur
mittels künstlicher Bewässerung
möglich.

Die **besten Reisezeiten** sind
das Frühjahr (Ende März bis
Mitte Juni) und der Herbst (Mitte September bis Mitte November).

Natur und Umwelt

Die mit Regen ausreichend versorgten
Gebiete des Landes waren bis vor drei
Generationen mit teils dichten Wäl-
dern bedeckt. Doch rigorose Abhol-

Klima und Reisezeit

Amman

Aqaba

- ▢ Tageshöchsttemperaturen
- ▢ Nächtliche Tiefsttemperaturen
- — Niederschlag
- ☀ Sonnenmonate
- ☂ Niederschlagsmonate

zung und Überweidung haben den
Baumbestand drastisch reduziert.
Heute findet man zu beiden Seiten
des Jordan nur noch geringe Bestände
an Steineichen, Eukalyptus-, Akazien-,
Maulbeer- sowie Olivenbäumen. Die
Wüsten und Steppen des Ostens weisen naturgemäß eine spärliche Vegetation auf. Hier trifft man auf karge
Dornsträucher und wermutähnliche
Gewächse. Nach den Frühjahrsregen
gedeiht dort jedoch für kurze Zeit eine
faszinierend bunte Pflanzenwelt.

Die Fauna Jordaniens ist recht spär-
lich. In der Wüste begegnet man Ka-
melen, Wüstenfüchsen und Schaka-
len. Die einst weit verbreiteten
Gazellen und Antilopen, darunter die
langhörnige Oryx, sind so gut wie ausgerottet und nur noch im Reservat von
Shaumari (s. S. 64) zu bewundern.

Allgegenwärtig sind hingegen im
ganzen Land Ziegen- und Schafherden.
Entlang des Jordan und des Jarmuk ist
eine reiche Vogelwelt heimisch. Als
Rastplatz für diverse Zugvögel sind
die Feuchtgebiete der Oase Azraq von
besonderer Bedeutung.

Bevölkerung und Soziales

Die Bevölkerung Jordaniens wird auf
rund 5,5 Mio. geschätzt. 1,3 Mio. davon sind bei der UNRWA (Hilfswerk
der UN für Palästina-Flüchtlinge im

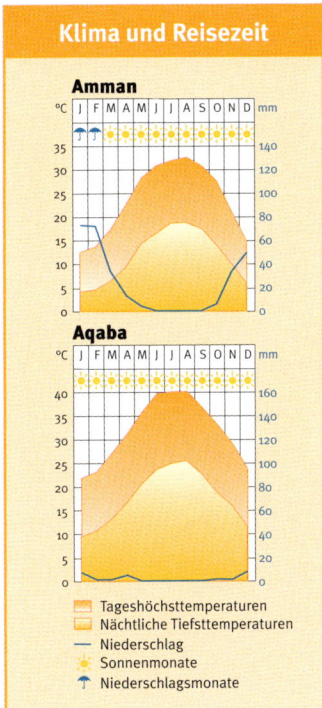

Nahen Osten) als Flüchtlinge deklariert. Nach offiziellen Angaben liegt der Anteil an Palästinensern unter 50 %, inoffiziell jedoch bei über 60 %. Als einziges arabisches Land erkennt Jordanien den Palästinensern die vollen Staatsbürgerrechte zu. Aufgrund gemeinsamer Religion und Sprache bestehen zwischen palästinensischen Zuwanderern und »echten« Jordaniern kaum Unterschiede, während politischer Krisen werden freilich latente Differenzen sichtbar. Größte ethnische Minderheit sind die Ende des 19. Jhs. aus dem Kaukasus immigrierten rund 35 000 Tscherkessen. Daneben existieren kleinere Gruppen von Armeniern, Kurden und Türken.

Ursprünglich überwiegend beduinisch, ist die jordanische Gesellschaft heute auf dem Weg zur Urbanisierung. Ein Bevölkerungswachstum von 2,5 % und der Mangel an Arbeitsplätzen auf dem Land führen seit den 1970er-Jahren zu beschleunigter Landflucht. Bereits etwa 70 % der Jordanier leben in Städten, davon allein weit über 2 Mio. im Großraum von Amman. Die verbliebenen etwa 3 % Beduinen genießen bis heute einen überproportional großen gesellschaftlichen Einfluss. Sie gelten als bedeutende Stützen des Königs und der Monarchie und sind deshalb besonders zahlreich in den höheren Offiziersrängen vertreten.

Religion

93 % der jordanischen Bevölkerung sind sunnitische Muslime. Kleine Minderheiten bilden die im Land lebenden Schiiten und Drusen, deren Vorfahren sich im 11. Jh. unter der Leitung des Imams Hamza von der Hauptströmung des Islam abspalteten und eine eigene Glaubensrichtung begründeten. Die weniger als 5 % Christen,

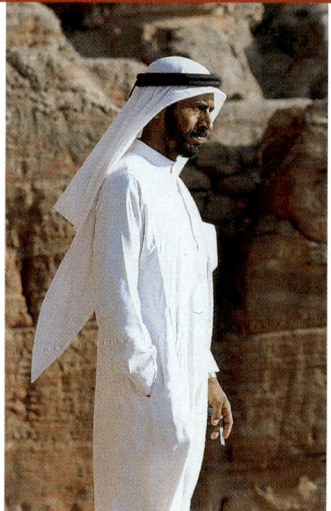

Bewusst durch den Orient

Alle, die durch Jordanien reisen, sollten sich zunächst bewusst machen, dass sie durch ein Land fahren, dessen öffentliches Leben durch die islamischen Sitten und Traditionen geprägt ist. Ein dezenter Kleidungsstil ist daher, will man die Bevölkerung nicht vor den Kopf stoßen, unerlässlich. So sollte man z. B. nicht in Shorts gehen. Für Frauen empfiehlt es sich, weder zu kurze Röcke noch zu tief ausgeschnittene Oberteile zu tragen.

Respekt und Höflichkeit gegenüber den Bräuchen des Gastlandes sollten auch Paare zeigen und deshalb z. B. vermeiden, in der Öffentlichkeit Zärtlichkeiten auszutauschen oder eng umschlungen durch die Straßen zu gehen.

Aufgrund der überwältigenden Gastfreundschaft der Bevölkerung kommt es oft vor, dass man zu meist griechisch-orthodoxe, leben in der Gegend von Madaba.

Der Islam (zu deutsch:»Ergebung in den Willen Gottes«) wurde zwischen 610 und 632 von Mohammed in Mekka und Medina gestiftet und ist die jüngste der monotheistischen Weltreligionen. Ihm gehören mittlerweile über 1 Mrd. Menschen an. Der Islam betrachtet sich als Überhöhung des Judentums und des Christentums. Er gründet sich auf die Lehren des Koran, das Vorbild (arab.: *Sunna*) des Propheten und die heilige Überlieferung (arab.: *Hadith*). Dazu kommen Entscheidungen der obersten Theologen, die in das religiöse Recht, die *Scharia*, Eingang gefunden haben.

Den Gläubigen schreibt der Islam das Bekenntnis zur Einheit Gottes *(Allah)* und das täglich fünfmalige Gebet vor. Sie sind angehalten, Almosen zu geben, während des Fastenmonats Ramadan tagsüber weder zu trinken noch zu essen und nach Möglichkeit wenigstens einmal im Leben die Wallfahrt *(Hadsch)* zur Kaaba nach Mekka zu unternehmen. Diese fünf Grundregeln, die von jedem Moslem als verpflichtende Auflagen einzuhalten sind, werden als die »Fünf Säulen des Islam« bezeichnet. Im Gegensatz zum Christentum kennt der Islam weder Priesterweihe noch Sakramente. Er verbietet u. a. den Genuss von Alkohol und Schweinefleisch.

einem Tee oder Kaffee eingeladen wird. Es empfiehlt sich, nicht bedenkenlos sofort, sondern erst nach wiederholtem Drängen anzunehmen. Höflichkeitsfloskeln gehören hier zum Alltag, und nicht jede Einladung ist tatsächlich als solche gemeint!

Leistet man einer Einladung zum Essen Folge, sollte man viel Zeit mitbringen. Sich sofort nach dem letzten Bissen zu verabschieden gilt als unhöflich; vielmehr wird erwartet, dass man sich in Konversation übt. Auch sollte man nicht vergessen, das Essen gebührend zu loben und ein kleines Gastgeschenk, etwa Süßigkeiten, mitzubringen.

Fotografieren gehört für viele zu einem gelungenen Urlaub. In Jordanien ist dabei Vorsicht geboten. Auf keinen Fall dürfen verschleierte Frauen abgelichtet werden, und auch unverschleierte Frauen sowie Männer

müssen vorher unbedingt gefragt werden. Soll eine Frau fotografiert werden, bittet am besten auch eine Frau um Erlaubnis.

In Moscheen ist unbedingt zurückhaltendes Benehmen angesagt. Dazu zählt, betende Muslime nicht zu stören oder zu fotografieren und darauf zu achten, nicht vor ihnen zu gehen, da das Gebet dann seine Wirksamkeit verliert und wiederholt werden muss.

Häuser oder Zelte unaufgefordert zu betreten, verletzt jegliche Anstandsregel. Wenn man aufgefordert wird einzutreten, ist immer zurückhaltendes Auftreten angebracht. Auch wenn ein Zelt für Europäer etwas Exotisches an sich hat, darf dabei nicht vergessen werden, dass darin Menschen leben, deren Privatsphäre zu achten ist.

Die König-Abdullah-Moschee in Amman

Wirtschaft

Obwohl von Jordaniens Gesamtfläche nur 4 % (ca. 4200 km²) landwirtschaftlich nutzbar und nur 8 % der Bevölkerung in der Landwirtschaft tätig sind, bildet der Obst- und Gemüseanbau immer noch das ökonomische Rückgrat des Landes. An Bodenschätzen stehen lediglich Phosphate aus der Wüste und Kali aus dem Toten Meer zur Verfügung. Zu den wichtigen Unternehmen zählen eine Düngemittelfabrik in Aqaba, die Erdölraffinerie in Zarqa sowie kleinere Betriebe zur Herstellung von Zement, Textilien und Getränken. Gravierend ist der Wassermangel, der durch bilaterale Verträge mit Israel gemindert wird.

Der Außenhandel ist stark defizitär. Wichtigste Exportgüter sind Chemikalien, Phosphate, Pottasche sowie Obst und Gemüse, importiert werden neben Industriegütern vor allem Maschinen und Fahrzeuge, Nahrungsmittel und Brennstoffe.

Im Laufe des libanesischen Bürgerkriegs hat Amman die Rolle Beiruts als zentraler Handels- und Finanzplatz des Nahen Ostens übernommen. Diese hat seit Ausbruch des (Bürger) Kriegs im Irak weiter an Bedeutung gewonnen.

In der Moschee

Der »Ort, an dem man zum Gebet niederfällt«, so ist der Begriff Moschee (arab.: *masgid*) zu übersetzen, bestand in der islamischen Frühzeit in Arabien in der Regel aus einem von Lehmmauern umgrenzten Hof und aus Palmstämmen und -blättern errichteten Galerien. Der Moscheebau, wie wir ihn heute kennen, also mit Minaretten, von denen der Muezzin oder neuerdings eine Tonbandstimme fünfmal täglich zum Gebet ruft, mit einer Predigtkanzel (arab.: *minbar*) und einer Gebetsnische (arab.: *mihrab*), die den Gläubigen die Richtung nach Mekka weisen, setzte erst im 8. Jh. unter den Omaijaden ein. Auch wenn seither viele Bauherren einander in puncto Prunk zu übertreffen suchten, ist das Interieur heute meist noch relativ schlicht gehalten und nur mit Matten oder Teppichen ausgelegt. Kunst- und Kultgegenstände fehlen aufgrund des auf den Koran zurückgehenden Bilderverbots praktisch völlig.

Obwohl Muslime grundsätzlich überall beten können, ist es doch »verdienstvoller«, dies in einer Moschee zu tun. Beim Betreten der Anlage sind die Schuhe auszuziehen. Ungläubigen ist in Jordanien, im Gegensatz zu vielen anderen muslimischen Ländern, der Zutritt grundsätzlich erlaubt. Allerdings haben Frauen vielerorts einen schwarzen Kapuzenmantel überzustreifen.

Politik und Verwaltung

Das Haschemitische Königreich Jordanien (arab.: Al-Mamlaka al-Urduniyya al-Haschmiyya) ist eine konstitutionelle Monarchie.

Das arabische Geschlecht der Haschemiten führt seinen Ursprung auf Haschim (gest. um 540) zurück, der als Urgroßvater Mohammeds angesehen wird. Die Nachfahren Hassans, des Sohnes von Fatima, der jüngsten Tochter Mohammeds, waren die scherifischen Emire von Mekka. Husain, seit 1907 Scherif von Mekka, erklärte sich 1917 zum König von Arabien, herrschte aber nur im Küstengebiet des Hedschas.

Von seinen Söhnen wurden Feisal 1921 König von Irak und Abdullah 1921 Emir von Transjordanien. Im Irak wurden die Haschemiten 1958 gestürzt, in Jordanien sind sie bis heute an der Macht. Derzeitiges Staatsoberhaupt und Oberbefehlshaber der Streitkräfte ist seit 1999 König Abdullah II. Er ernennt die Regierung und den Ministerpräsidenten, die vierzig Mitglieder des Oberhauses sowie die Richter. Die achtzig Mitglieder des Unterhauses werden von allen Bürgern über 18 Jahre gewählt. Frauen dürfen aktiv und passiv wählen.

Jordanien verdankt seine politische Stabilität dem 1999 verstorbenen König Hussein. Er regierte über 40 Jahre lang das haschemitische Reich. Nach dem Tode seiner dritten Frau Alia heiratete Hussein 1978 eine Amerikanerin. Sie wurde Königin und war als Hussein al Noor (Husseins Licht) sehr schnell beliebt; auf Königin Noor ist das gute Verhältnis des Königreichs zu den USA zurückzuführen.

Die Beliebtheit Husseins bei seinem Volk war und ist auch nach seinem Tod am 7. Februar 1999 ungebrochen. Auf Drängen Noors bestimmte Hussein kurz vor seinem Tode einen Wechsel in der Thronfolge. Nicht sein Bruder Hassan, der 30 Jahre lang die Kronprinzenposition einnahm, sondern sein ältester Sohn Abdullah wurde König. Kronprinz ist jetzt Hamzeh, der Sohn Königin Noors.

König Abdullah II., der mit der Palästinenserin Rania al-Yasin verheiratet ist, hat sich bisher als würdiger Nachfolger seines Vaters erwiesen.

Steckbrief

- **Fläche:** 89 287 km².
- **Einwohner:** 5,5 Mio.
- **Hauptstadt:** Amman, über 2 Mio. Einw.
- **Bevölkerungsdichte:** 65,5 Einw./km².
- **Bevölkerungswachstum:** 2,5 % pro Jahr.
- **Stadtbevölkerung:** 70 %.
- **Zusammensetzung der Bevölkerung:** 95 % Araber, etwa 35 000 Tscherkessen, 6000 Armenier und 3500 Kurden. Mindestens die Hälfte der Bevölkerung ist palästinensischer Abstammung.
- **Staatsform:** Konstitutionelle Erbmonarchie.
- **Staatsoberhaupt:** König Abdullah bin Hussein (seit 1999).
- **Wirtschaft:** BIP pro Einwohner 2005: 4800 US-Dollar.
- **Arbeitslosenrate:** ca. 30 % (inoffiziell).
- **Wichtigste Importgüter:** Mineralische Brennstoffe, Nahrungsmittel, Maschinen, Maschinenteile, Kunststoffe in Primärform.
- **Wichtigste Exportgüter:** Phosphate, Pottasche, Zement, Kunstdünger, Agrarprodukte.

Geschichte im Überblick

Um 9000 v. Chr. Entstehung erster Siedlungen in Jericho und Beidha.

3. und 2. Jt. v. Chr. Mehrere semitische Stämme, darunter die Edomiter, Moabiter und Ammoniter wandern, aus Mesopotamien kommend, in das Gebiet des späteren Palästina, Jordanien und Syrien, ein.

1480 v. Chr. Nach der Schlacht bei Megiddo fallen Palästina und das Jordanland an Ägypten.

Um 1200 v. Chr. Ansiedlung der Philister in Kanaan.

Um 1000 v. Chr. Saul unterliegt den Philistern. Sein Nachfolger David erobert Jerusalem.

Um 950 v. Chr. Davids Sohn Salomo errichtet in Jerusalem den ersten Tempel.

539 v. Chr. Kyros II. macht Palästina zur persischen Provinz.

4./5. Jh. v. Chr. Die Nabatäer, ein Beduinenstamm aus dem Nordwesten der Arabischen Halbinsel, lassen sich im Gebiet der Edomiter nieder und gründen Petra.

332–ca. 200 v. Chr. Alexander der Große marschiert in Palästina ein. Auf ihn folgen die auf jordanischem Gebiet ständig miteinander konkurrierenden Diadochenreiche der Ptolemäer und seleukidischen Herrscher; Hellenisierung des Landes.

167 v. Chr. Von den Römern unterstützt, erheben sich die Juden gegen die Seleukiden.

64/63 v. Chr. Pompeius erobert Damaskus und Palästina, das er in Judäa umbenennt. Die sogenannte Dekapolis umfasst zehn Städte, u. a. Philadelphia (Amman), Gerasa (Jerash), Gadara (Umm Qais), Pella und Dion (Irbid).

106 n. Chr. Die Nabatäer unterwerfen sich freiwillig Rom. Ihr Einflussgebiet gehört nunmehr zur Provincia Arabia.

4. Jh. Nach der Teilung des Römischen Reichs gehört Palästina zu Ostrom, das von Byzanz regiert wird.

622 Mohammeds Wanderung von Mekka nach Medina markiert den Beginn der islamischen Zeitrechnung. In den nachfolgenden Jahrzehnten findet der neue Glaube rasend schnelle Verbreitung.

629 Moslemische Truppen erobern Jerusalem, Ägypten und Syrien.

661–750 Kalifat der Omaijaden mit Damaskus als Hauptstadt. Die Wüstenschlösser in Jordanien und Palästina entstehen.

750 Die Abbasiden lösen die Omaijaden als Kalifen ab und verlegen den Regierungssitz nach Bagdad.

980 Die Fatimiden erobern Palästina.

1071 Die turkstämmigen Seldschuken erobern die Region zu beiden Seiten des Jordan.

1099 Während des Ersten Kreuzzugs nehmen die Franken Jerusalem ein; sie bauen zahlreiche Burgen, u. a. Kerak und Shaubak.

1187 Saladin fügt den Christen bei Hattin eine entscheidende Niederlage zu und erobert wenig später Jerusalem.

1291 Die Franken werden endgültig aus der Levante vertrieben. Neue Herrscher sind bereits seit 1250 die Mamelucken.

1516 Nach der Eroberung von Konstantinopel 1453 verleiben die Türken ihrem Reich Syrien und Palästina ein.

Um 1900 Nach dem ersten Zionistenkongress in Basel (1897) beginnen Juden in wachsender Zahl nach Palästina einzuwandern und sich dort niederzulassen.

1914–1918 Im Ersten Weltkrieg ist das Osmanische Reich mit Deutschland verbündet. Die Araber erheben sich unter der Führung Scheich Husseins von Mekka und dem britischen Oberst T. E. Lawrence erfolgreich gegen die Türken. Im Sykes-Picot-Abkommen (1916) teilen sich Franzosen und Briten den Nahen Osten in Interessen-sphären auf. Kurz danach verspricht London in der Balfour-Deklaration den Juden die Errichtung einer »natio-nalen Heimstatt« in Palästina.

1920 Zwei Jahre nach Zusammen-bruch des Osmanischen Reichs erhält Großbritannien vom Völkerbund das Mandat über Palästina und das Ost-jordanland. Syrien wird französisches Mandat. Konflikte zwischen Arabern und Juden in Palästina nehmen zu.

1921 Die Briten setzen Abdullah, den zweiten Sohn des Scherifen Hussein von Mekka, als Herrscher über Trans-jordanien ein.

25. Mai 1946 Das bisherige britische Mandat Transjordanien wird unab-hängige Monarchie.

1948 Nach dem Rückzug der Briten und der Unabhängigkeitserklärung Israels kommt es zum ersten Nahost-krieg, in dem arabische Truppen die Westbank mit Ostjerusalem besetzen.

1950 Transjordanien wird offiziell mit der Westbank und der Altstadt Jerusa-lems zum »Haschemitischen Königreich Jordanien« vereinigt.

1953 Nach der Ermordung König Ab-dullahs 1951 und der Abdankung König Talals wird Abdullahs 18jähriger Enkel Hussein gekrönt.

1956 Zweiter Nahostkrieg: Israel marschiert in den Sinai ein.

1967 Israel besetzt im Sechstagekrieg die Westbank und Ostjerusalem.

1970 Im »Schwarzen September« zerschlägt die königliche Armee bewaffnete Einheiten der PLO (Palästinensische Befreiungsorga-nisation) in den Flüchtlingslagern.

1973 Im Jom-Kippur-Krieg unter-stützt Jordanien Syrien militärisch am Golan gegen Israel.

1974 König Hussein erkennt die PLO als alleinige Vertretung der Palästinenser an.

1984 Das Parlament wird, zehn Jahre nach seiner Suspendierung, wieder eingesetzt und das Frauen-wahlrecht eingeführt.

1988 Ausbruch der »Intifada« – ein ziviler Aufstand der Palästinenser in der Westbank und in Gaza. König Hussein verzichtet auf das West-jordanland und Jerusalem.

1991 Im Golfkrieg sympathisiert Jordanien wie schon beim Irak-Iran-Krieg mit Bagdad.

1992 Zulassung aller Parteien.

1994 Im Mai unterzeichnen Israel und die PLO das Gaza-Jericho-Ab-kommen, im Juli beenden Jordani-en und Israel den seit 1948 währen-den Kriegszustand.

1995 Beschluss des Autonomieab-kommens für das Westjordanland in Washington. Friedensvertrag zwischen Jordanien und Israel.

1999 Tod König Husseins. Sein Sohn Abdullah wird zum Thron-folger bestimmt.

2005 Nach dem Tod Yasser Arafats und dem Verebben der 2. Intifada entsendet Amman wieder einen Botschafter nach Israel.

2006 Laut offiziellen Angaben leben in Amman über 250 000, nach inoffiziellen Schätzung sogar 1 Mio. Flüchtlinge aus dem Irak.

Kultur gestern und heute

Seit jeher befindet sich Jordanien kulturell wie politisch im Spannungsfeld zwischen dem mediterranen Raum und der Arabischen Halbinsel, zwischen Mesopotamien und Ägypten. Die vielfältigen Einflüsse, die seit der Jungsteinzeit zum Tragen kamen, haben im Land ein reiches kulturelles Erbe hinterlassen. Den Anfang machten regionale Kulturen wie die der Ammoniter, Israeliten und Nabatäer, die später von jenen der Babylonier, Römer, Byzantiner, Araber, Kreuzritter und Osmanen überlagert und abgelöst wurden.

Kulturelles Erbe

1982 stieß man bei Ausgrabungen in Ain Ghazal, einem Vorort Ammans, auf die Überreste von Hausmauern aus dem 8. Jt. v. Chr. Aus weiteren Funden konnte nachgewiesen werden, dass die hier entdeckte Siedlung bereits in der Bronzezeit eine wichtige Handelsstation war und Beziehungen nach Griechenland, Mesopotamien, Syrien und Zypern unterhielt. Um 1200 v. Chr. wird Rabath Ammon, das heutige Amman, zur Hauptstadt der Ammoniter und steht in engem Kontakt zu Jerusalem.

Unter König David wird Jerusalem Hauptstadt des Jüdischen Königreiches. Im Jahr 960 v. Chr. lässt König Salomo den Ersten Tempel bauen, der 587 v. Chr. von den Truppen Nebukadnezars zerstört wird. Nach der Rückkehr der Israeliten aus der Babylonischen Gefangenschaft (520 v. Chr.), wird der Zweite Tempel errichtet. 70 n. Chr. wird er und ganz Jerusalem schließlich von den Römern unter dem späteren Kaiser Titus zerstört.

Im 4. Jh. v. Chr. beginnt sich der hellenistische Einfluss auf das jordanische Gebiet auszuwirken.

Städtebau

In der Felsenstadt Petra verarbeiten die Nabatäer griechische, assyrische und babylonische Stilelemente in ihrer Architektur und schaffen eine weltweit einzigartige Anlage.

Das ammonitische Rabath Ammon erfährt erst durch Ptolemäus II. Philadelphus seine vollkommene Umgestaltung und Hellenisierung, die bis heute zu erkennen ist. Zudem erhält die Siedlung einen neuen Namen, Philadelphia.

Erst nachdem das Gebiet unter römische Vorherrschaft gekommen und in die Provinz Arabia integriert worden ist, beginnt für die Handelsstädte östlich des Jordan eine architektonische Blütezeit. Philadelphia (Amman) wird von den neuen Landesherren in klassisch-römischem Stil ausgebaut und erweitert.

In Petra führt die Präsenz Roms zur Bildung eines eklektizistischen Stilgemisches mit fast barocken Zügen. Die am besten erhaltene Stadt jener Zeit ist jedoch Jerash, das antike Gerasa.

Im 1. Jh. v. Chr. ersetzen römische Städteplaner den alten, nabatäischen Ortskern durch eine weitläufige Anlage mit einem Forum, einem Jupitertempel, einer Kolonnadenstraße, zwei Nebenstraßen, Badehäusern, Theatern sowie einem Bad, Toren und Triumphbögen.

Kirchenbau

Nach der Anerkennung des Christentums durch Konstantin (313 n. Chr.)

Hauptattraktion in der St.-Georgs-Kirche von Madaba ist die Palästina-Karte

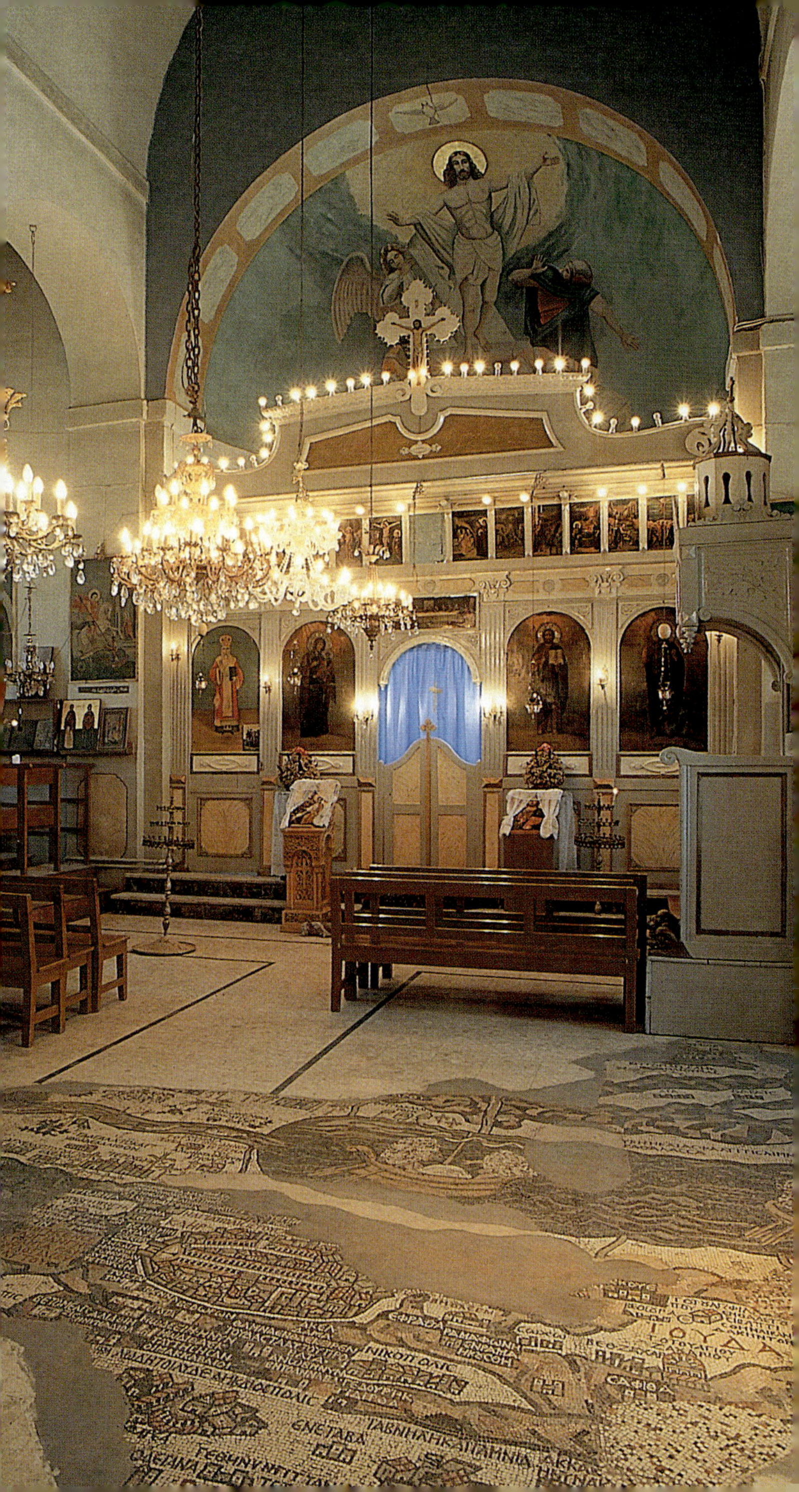

ΙΟΥΔΑ
ΝΙΚΟΠΟΛΙϹ
ΕΦΡΑΘΑ
ΕΝΕΤΑΒΑ
ϹΑΦΙΘΑ

setzt in der Region ein wahrer Bauboom an Kirchen ein. Bevor sich eine eigene Formensprache entwickeln kann, übernimmt man Elemente der alten Tempelarchitektur und einige ihrer Gestaltungselemente. In der Folge entsteht daraus ein byzantinischer Basilika-Baustil, der sich durch großartige Mosaike auszeichnet. In Jordanien existieren noch viele Kirchen aus dieser Zeit. Die berühmtesten Beispiele für byzantinische Mosaikenkunst sind in den Gottes- und Wohnhäusern von Madaba zu sehen. Einzigartig ist das Mosaik in der St.-Georgs-Kirche, das die Landkarte von Palästina und Jordanien zeigt, die um 560 n. Chr. entstand (s. S. 71 f.).

Einzug des Islam

Nach der Schlacht am Jarmuk (636 n. Chr.) fällt Palästina in den moslemischen Herrschaftsbereich. Die omaijadischen Kalifen lassen insgesamt zwanzig Wüstenschlösser im heutigen Jordanien, Israel und Syrien errichten. Dabei übernehmen sie mit Wandmalereien, Mosaikböden und Stuckdekorationen wiederum Elemente des byzantinischen und teilweise auch sassanidischen Baustils. Die Araber betätigen sich außerdem als Gründer neuer Siedlungen. Bei Aqaba errichten sie im 7. und 8. Jh. n. Chr. die frühislamische Stadt Aylah, die ab 1987 von Archäologen freigelegt wurde.

Durch die Abgeschiedenheit des Landes und die Verlagerung des Kalifats nach Bagdad unter der Dynastie der Abbasiden einerseits (750 n. Chr.) und die beginnenden Kreuzzüge andererseits (1096 n. Chr.) sind aus dieser Blütezeit islamischer Kultur in Jordanien kaum Zeugnisse erhalten. In den folgenden Jahrhunderten beschränken sich die baulichen Aktivitäten vornehmlich auf die Errichtung von Festungsanlagen und den Ausbau Jerusalems durch die Christen. Die Grabeskirche wird aufwendig umgestaltet, die heute noch gültigen Stationen des Leidensweges Christi im Bereich der Altstadt werden festgelegt. Von der fränkischen Burgenarchitektur sind in Jordanien nur zwei wichtige Beispiele erhalten, der Crac de Moab in Kerak und Mons Realis bei Shaubak am King's Highway.

Osmanische Eroberung

Nach der Zerschlagung der von den Kreuzrittern gegründeten christlichen Staaten und der nachfolgenden Eroberung durch die Osmanen verlieren die wenigen städtischen Zentren weiter an Bedeutung. Bei Aqaba wird im 14. Jh. eine Burg zum Schutz der Mekkapilger aus Ägypten gebaut, die in der Folge von den Mamelucken und Osmanen um- und ausgestaltet wird. Die wichtigsten architektonischen Maßnahmen konzentrieren sich wiederum auf Jerusalem, wo Suleiman der Prächtige den Felsendom mit türkischen und persischen Fayencen auskleiden ließ.

Kunsthandwerk

Vor gut fünfzig Jahren noch konnte man durch einen Blick auf die Kleidung erkennen, aus welcher Region der Träger kam, welchem Stamm er angehörte und welche soziale Stellung er innehatte. Die zunehmende Verbreitung westlicher Mode hat das Erscheinungsbild inzwischen nachhaltig verändert. Durch gezielte Projekte jedoch wird das Wissen um die traditionelle Kleidung bewusst gepflegt und den veränderten Lebensumständen angepasst.

Die Kleidung der Beduinen unterscheidet sich von derjenigen der

*Eine Augenweide ist der alte Silber-
schmuck der Beduinen*

*Sehr ansprechend sind die grafischen
Teppichmuster*

Stadtbewohner, unter denen die Männer nur noch selten das lange unbe-
stickte Hemd, den *thob,* tragen. Leder-
jacken und Wollcapes schützen gegen
die Kälte, besonders die Capes erweisen sich als überaus nützlich, da sie
als Kopfpolster, Decke oder auch als
Futterbehälter für Tiere verwendet
werden können.

Üppig bestickt ist die Festtagsklei-
dung der Frauen und Männer, deren
Wirkung durch Gürtel und Gold- oder
Silberschmuck unterstrichen wird. Als
Kopfbedeckung tragen die Männer die
so genannte *keffiye,* ein mit einer Kor-
del befestigtes großes Tuch. Die
schwarz gemusterten Tücher weisen
den Träger als Palästinenser aus, die
rot gemusterten als Jordanier.

Mit dem Schmuck, den die Frau
u. a. auch als finanzielle Absicherung
bei der Hochzeit erhält, wird, ähnlich
wie durch die Kleidung, auch eine ge-
wisse spirituelle Absicht verfolgt. Bis
in die jüngere Vergangenheit dienten
die Schmuckstücke immer auch als
Amulett oder Talisman. Ihre Kraft wird
von der Perfektion der Ausführung
des Schmuckstücks bestimmt.

Teppiche gehören sowohl bei der
städtischen wie auch bei der ländli-
chen und nomadischen Bevölkerung
zur Grundausstattung des Heims. Die
Teppiche der Beduinen unterscheiden
sich von industriell gefertigten
Stücken in erster Linie durch eckigere
Ornamente.

Die Teppiche aus der Stadt zeich-
nen sich durch sanftere, rundere Ornamente aus, verfügen jedoch nicht
über dieselbe Variationsbreite wie
jene der Beduinen. Die Knüpfer, die in
einer Stunde bis zu 1000 Knoten knüp-
fen können, werden nach Tages- oder
Wochenleistung bezahlt. Um einen
mittelgroßen Teppich anzufertigen,
benötigen sie bis zu 18 Monate.

Durch die Bemühungen der Noor-
al-Hussein-Stiftung kam es in den
letzten zwei Jahrzehnten zur Wieder-
belebung des traditionsreichen Sti-
ckens. Mit Stickereien werden alle
Arten von Textilien dekoriert. Inzwischen finden folkloristische Elemente
sogar Eingang in die jordanische und
internationale Haute Couture.

Silber hat Tradition

Silberhandwerk ist seit jeher in
der arabischen Welt verbreitet,
in Jordanien erfuhr die Schmie-
dekunst durch die Ende des
19. Jhs. angesiedelten Tscherkessen und Armenier neue Impulse.
Mit zunehmendem Wohlstand
interessieren sich die Käufer
heute jedoch mehr für die teure-
ren Schmuckstücke aus Gold.

23

Essen und Trinken

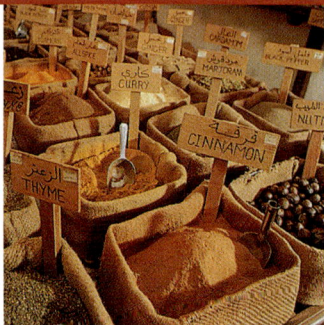
Bunte Gewürzpalette

Bei Tisch lässt sich viel erfahren: über Menschen, ihren Umgang miteinander, ihre Bräuche und Traditionen. In besonderem Maße trifft dies auf die arabischen Länder zu.

Essen als Ritual

Essen, das ist zwischen Maghreb und Mashreq weit mehr als reine Nahrungsaufnahme, es ist ein Ritual von großer sozialer Bedeutung. Das erklärt sich schon aus der Geschichte arabischer Gesellschaften, die aus Nomadenstämmen hervorgegangen sind. In einer lebensfeindlichen Umgebung wie der Wüste bedeuten Speisen und Getränke einen täglichen kleinen Sieg über die unwirtliche Umwelt.

Wie in Syrien und im Libanon herrscht auch in Jordanien die levantinische Küche vor, eine der variationsreichsten der Welt. Eine Mahlzeit beginnt mit einer Unzahl von Vorspeisen, den *Mezze*. Es handelt sich dabei um bis zu vierzig verschiedene Appetithappen. Dazu gehören: *Tabuleh* – fein gehackte Petersilienblätter mit Tomaten, Minze und dem nussartig schmeckenden *Bulghur*, sowie Hummus *bi-l-Tahina* – pürierte Kichererbsen mit Salz, Zitronensaft, Sesam- und Olivenöl. *Baba Ghannusch* ist ein Püree aus angebratenen Auberginen, die mit Zitrone, Knoblauch und Sesamöl zu einem Brei verrührt werden. *Malfuf* entsprechen den europäischen Kohlrouladen, die Füllung besteht aus Schaffleisch und Reis. Zu den Mezze gehören überdies Oliven, Käse, Nüsse, Obst, eingelegte Gurken und gefüllte Weinblätter.

Als Hauptgang wird meist Geflügel- oder Lammfleisch mit Reis und Gemüse serviert. In Jordanien gilt *Mansaf*, das Festessen der Beduinen, als Nationalspeise. Auf große Platten wird Reis mit Mandel- und Pinienkernen aufgehäuft und darüber gekochtes Hammelfleisch samt Sauce gegossen. Ein Fettbrocken vom Schafschwanz kann die Komposition krönen – Fett gilt hier als Delikatesse. Ebenfalls ein Beduinengericht ist *Mussacha*: ein gegrilltes Huhn, mit angebratenen roten Zwiebeln, Gewürzen und Pinienkernen in ein Fladenbrot gewickelt.

Arabischer Kaffee

Zum Abschluss eines üppigen Mahls empfiehlt sich eine Tasse Tee oder Kaffee. Letzteren gibt es in den Variationen »arabisch«, »türkisch«, »français« und »Nescafé«. Kosten Sie den arabischen, der meist mit dem Gewürz Kardamom versetzt wird, was ihm ein ungewohntes, leicht bitteres Aroma verleiht. Soll der Kaffee süß sein, erbitten Sie dies ausdrücklich!

Alkohol sollten Sie nur in lizensierten Hotels und Restaurants trinken. Zwar verkaufen auch spezielle Läden alkoholische Getränke, aber Zurückhaltung ist in jedem muslimischen Land auch ein Gebot des Respekts vor den Gastgebern.

Unterkunft

In Amman, Petra und Aqaba entsprechen die hochpreisigen Hotels europäischem Standard. Nur an diesen drei Orten gibt es ausreichend Hotels aller Kategorien. Bei Mittelklasseunterkünften und Billigherbergen sind Qualitätsabstriche in Kauf zu nehmen. Im Rest des Landes sieht die Hotelsituation eher trüb aus. Allerdings kann man von Amman aus jeden Punkt des Königreiches problemlos binnen eines Tages erreichen.

Erst seit einiger Zeit legen jordanische Hotelarchitekten vermehrt Wert darauf, auch Anlagen zu bauen, die sich architektonisch an traditionellen Bauten orientieren. So wurde etwa in Taybet Zaman nahe Petra eine Siedlung aus dem 19. Jh. restauriert und als Hoteldorf eröffnet. Angeschlossen sind ein Hamam, ein Handwerkszentrum und ein Museum (s. S. 49). Der Ort ist ein gelungenes Beispiel für die Aktivitäten eines Komitees zur Erhaltung traditioneller jordanischer Kultur.

Eine ähnlich gelungene, an traditionelle Architektur anknüpfende Anlage ist das Hotel Mövenpick am Toten Meer (s. S. 26). Auch hier fühlt man sich in ein jordanisches Dorf versetzt, bereichert um modernsten Komfort.

In Amman ein Hotelzimmer zu bekommen ist während des gesamten Jahres kein Problem. Sehr bequem lässt sich am Queen-Alia-Flughafen ein Zimmer buchen. In Aqaba empfiehlt es sich im Winter hingegen auf jeden Fall, eine Reservierung von Europa aus vorzunehmen. Generell ist es bei Reisen nach Jordanien immer günstiger, bereits im Heimatland ein Hotelarrangement zu buchen.

Die Zimmerpreise entsprechen europäischem Standard. In Hotels der Luxuskategorie werden ein Servicezu-

Das schicke Mövenpick Hotel in Aqaba

schlag von 10 % sowie eine Steuer berechnet. Dafür lassen viele Hoteliers in der Nebensaison (Nov. bis März) und bei längerem Aufenthalt mit sich handeln. In der Regel gilt: Je kleiner das Hotel, desto flexibler die Preise.

i **Jordan Hotels Association,** P.O.Box 9905, Amman 11191, Tel. (06) 568 23 56, Fax 567 16 92, www.johotels.com.

Camping ist in Ajlun-Ishtafina, Aqaba, Dana, Petra, Salt, am Toten Meer und im Wadi Rum möglich. Die Preise variieren zwischen ca. 500 Fils und 3 JD pro Person und Nacht. Im Wadi Rum kann man ein Zweipersonenzelt mieten (Richtpreis 2 JD pro Nacht).

i **Jordan Tourism Board,** P. O. Box 830 688, Amman, Tel. (06) 567 84 44, Fax 567 82 95, www.visitjordan.com

Jugendherberge: YMCA, Saliba S. Mushahwar, P. O. Box 484, Amman, ymca@joinnet.com.jo (reservieren!)

Urlaub aktiv

Tauchen

Paradoxerweise ist das Königreich, dessen Fläche zu vier Fünfteln aus Wüste besteht, ein beliebtes Ziel von Tauchern und Wassersportlern. Das milde Winterklima mit dem etwa 20 °C warmen Wasser des Golfs von Aqaba und vor allem die farbenprächtigen Korallenriffe in unmittelbarer Nähe zu Europa haben die einzige Hafenstadt Jordaniens neben Amman und Petra zum wichtigsten Tourismuszentrum werden lassen. Im Royal Diving Club sowie im Wassersport- und Tauchzentrum des Hotels Aquamarina und im Seastar Watersports können sämtliche Wassersportgeräte sowie Tauchausrüstungen gemietet werden. Da die Riffe direkt vom Sandstrand aus erreichbar sind, können auch Schnorchler die Unterwasserschönheiten ganz leicht entdecken.

Als interessanteste Tauchgebiete gelten: Yamaniyah Riff, Gorgone, Bag Bay Gully Riff, The Garden, First Bay, Black Rock, Aquarium, The Wall und Wreck. Zu den Regionen Taba, Pharaon Island, Fijord, Nuweibeh und Ras Burka werden Tages- und Nachtausflüge von Seastar Watersports und vom Royal Diving Club angeboten.

i **Royal Diving Club,**
17 km südlich von Aqaba,
Tel. (03) 201 70 35, Fax 201 70 97,
www.rdc.jo.
▌ **Aquamarina Diving Hotel Club,**
P. O. Box 96, Aqaba,
Tel. (03) 201 62 50, Fax 203 26 30,
www.aquamarina-group.com.
▌ **Seastar Watersports,**
Alcazar Hotel, Aqaba,
Tel. (03) 201 41 31, Fax 201 41 33,
www.seastar-watersports.com

Wellness und Heilquellen

Aus vielen Quellen sprudelt bei Hammamet Ma'in heißes, mineralhaltiges Wasser und fließt schließlich ins Tote Meer. Der Schlamm des Toten Meeres enthält Stoffe, die sich positiv auf die Haut auswirken. Dem warmen, sehr salzigen Wasser schreibt man therapeutische Wirkung unter anderem bei Kreislaufproblemen zu. Diese natürlichen Schätze in Verbindung mit dem trockenen, reizarmen Klima machten die Gegend bereits vor 2000 Jahren zu einem berühmten Kurort (vgl. S. 74 f.).

⭐ In Suweimeh am Toten Meer liegt das **Salt Land Village Dead Sea Spa Hotel,** ein älteres Hotel mit recht kleinen Zimmern, in dem neben Gesundheitsbädern im Meer und im schwarzen Heilschlamm auch Fitnessprogramme angeboten werden; an Wochenenden beliebtes Ausflugsziel einheimischer Großfamilien. Tel. (05) 356 10 00, Fax 356 10 12; ○○○

Das schönste und aufwändigste Gesundheitszentrum besitzt das wunderschöne **Mövenpick Resort + Spa,** ein äußerst geschmackvolles Fünf-Sterne-Hotel im Bungalow-Stil direkt am Toten Meer. Tel. (05) 356 11 11, Fax 356 11 22, www.moevenpick-deadsea. com; ○○○

Klettern und Bergsteigen

In den letzten Jahren haben sich die bis zu 1754 m hohen Berge des traumhaften Wadi Rum zu einem beliebten Ziel der internationalen Bergsteiger- und Kletterszene entwickelt. Interessante Details finden Sie auf der In-

Gesundes Nass: Wasserfall
bei Hammamet Ma'in

ternetseite www.jordanjubilee.com/ outdoors/climbing.htm (vgl. Special-thema S. 10 f. »Die Wüste erleben«).

Das Ministerium für Tourismus beauftragte den britischen Kletterer Tony Howard, klare Routen zu dokumentieren. Seine Bücher – **Treks and Climbs in the Mountains of Rum and Petra** (Jordan Distribution Agency/Cicerone Press, Amman, Neuauflage 1998) und **Walks and Scrambles in Wadi Rum** (Al-Kutba, Amman 1998) – sind die Standardwerke zum Thema (in jordanischen Buchläden, guten Hotels und bei www.amazon.de).

Jordanien aus der Luft

Der Royal Aero Sports Club of Jordan ist der offizielle Verein für Luftsport. Er organisiert alle luftigen Aktivitäten – vom Gleitschirmfliegen über Fallschirmspringen und Ballonfahren bis zum Ultraleichtflug. Auch Gruppenfahrten mit dem Heißluftballon oder Tandemflüge mit Gleitschirm-Profis über den Bergen von Petra oder dem Wadi Rum werden angeboten und versprechen unvergessliche Erlebnisse.

Royal Aero Sports Club, P. O. Box 82, Aqaba 77110, Tel. (07) 957 41 441, www.fly.to/rpacj

Kameltrekking

Die bizarre Wüsten- und Gebirgslandschaft des Wadi Rum lässt sich wunderbar auf dem Rücken eines Kamels erkunden – quasi auf den Spuren von Lawrence von Arabien. Kurze Ausritte, aber auch mehrtägige Ausflüge mit Übernachtungen im Zelt bei den Beduinen werden im Visitor Center organisiert (S. 10).

Reisewege und Verkehrsmittel

Anreise

Linienflüge mit Royal Jordanian, Lufthansa, Austrian Airlines und Swissair werden u. a. von Berlin, Frankfurt/M., München, Genf, Wien und Zürich nach Amman angeboten (Flughafen Queen Alia, gut 30 km außerhalb, alle 30 Min. Busse ins Stadtzentrum zum Abdali Terminal, 50 Min. Fahrt).

Reisen im Land

Binnenflüge
Die private Charterfluggesellschaft Royal Wings verbindet z. B. Amman mit Aqaba (www.royalwings.com.jo).

Taxi
Taxifahren ist sehr preiswert. Taxis verfügen über einen Taxameter, der spätestens nach Aufforderung auch eingeschaltet wird. In Amman zahlt man für die Fahrt von fast allen Hotels ins Stadtzentrum ca. 2–4 JD, zum Airport ca. 25 JD; in Aqaba kostet eine Fahrt vom Zentrum zum Strand 1 JD, zum Flughafen 5 JD (Richtpreise). Bei längeren Fahrten über Land muss der Preis im Voraus ausgehandelt werden.

Autofahren
Jordanien verfügt über ein dichtes Straßennetz. Die Verkehrsvorschriften entsprechen den europäischen. Übertretungen, insbesondere der Geschwindigkeitsbeschränkungen, werden streng geahndet. Die Verkehrszeichen sind arabisch und englisch beschriftet. Wo keine Tempolimits angegeben sind, gelten außerhalb von Ortschaften 80 km/h, auf schmalen

Pass- und Serpentinenstraßen 60 bzw. 40 km/h und in Ortschaften 50 km/h. Generell gilt: Fahren Sie äußerst vorsichtig, die Zahl der Verkehrstoten in Jordanien steigt!

Mietwagen

Neben den international tätigen Verleihfirmen bieten auch lokale Unternehmen Mietwagen relativ günstig an. Beim Anmieten muss der nationale Führerschein vorgelegt werden (Mindestalter 25 Jahre). Oft wird eine Kaution verlangt, dafür ist der Besitz einer Kreditkarte von Vorteil. Schadensfälle sollten mit Ausnahme einer Eigenbeteiligung unbedingt durch eine Versicherung abgedeckt werden. Nach jedem Unfall muss ein Polizeiprotokoll erstellt werden; ohne ein solches übernimmt die Versicherung den Schaden nicht! Außerhalb der Städte gibt es kaum Tankstellen.

i (jeweils in Amman):
Avis (Wadi Sqra),
Tel. (06) 569 94 20, www.avis.com.jo.
▪ **Budget** (Shmeisani),
Tel. (06) 569 81 31.
▪ **Europcar** (Mariott Hotel),
Tel. (06) 565 55 81, www.europcar.jo.

Öffentliche Verkehrsmittel

Die Busunternehmen JETT und Alpha verbinden die größeren Orte. Karten für Fahrten von Amman in beliebte Urlaubszentren wie Aqaba (mehrmals tgl.) oder Petra (1 x tgl.) sollten zwei Tage im Voraus gebucht werden. In und zwischen kleineren Städten verkehren in unregelmäßigen Abständen Minibusse. Jett-Busse bringen Besucher auch (1 x tgl. am frühen Morgen) von Amman zur King-Hussein-Brücke und via Irbid auch sogar von Amman nach Tel Aviv und Nazareth.

i **Jordan Express Tourist & Transport Company** (kurz: Jett), Amman, Tel. (06) 566 41 47, Start: auf dem Dschebel Hussein, King Hussein Street.
▪ **Alpha Tourist Bus Co.,**
Tel. (06) 582 63 01.

⭐ Die **Hedschas-Bahn,** die von deutschen Ingenieuren gebaute Verbindung von Damaskus nach Medina, wird auf der Strecke Amman-Damaskus noch für touristische Sonderfahrten mit alten Dampfloks und altem Wagenpark betrieben. Infos in Amman, Tel. (06) 489 54 13.

⭐ *Amman

Karte Seite 34

Moderne Metropole mit antiken Wurzeln

»Ahlan wa sahlan«, »herzlich will-kommen«, in der Hauptstadt des Haschemitischen Königreichs. Alle Jordanien-Reisenden beginnen ihre Fahrt in Amman oder kommen min-destens einmal in die Metropole, die, wie Rom auf sieben Hügeln ge-gründet wurde, sich aber heute über etwa zwanzig Hügel erstreckt. Amman bietet alle Annehmlichkeiten eines zeitgemäßen Verkehrsknoten-punkts – einen hochmodernen Flug-hafen, zahlreiche Hotels, eine vielfäl-tige Gastronomie, ein reiches Angebot an Geschäften, Freizeitver-gnügungen, Reiseveranstaltern, Bus- und Mietwagenunternehmen und zudem ein dank der Höhenlage – auf einer Seehöhe zwischen 750 und 1000 m – selbst im Hochsommer angenehmes Klima. Von hier lassen sich alle Sehenswürdigkeiten des Landes, ob Petra und Aqaba, Jerash, die Wüstenschlösser oder das Tote Meer, in einer Tagesfahrt erreichen.

Geschichte

Ammans Geschichte beginnt, wie ar-chäologische Grabungen im Vorort Ain Ghazal belegen, bereits vor rund 9000 Jahren. Damals befand sich hier im Tal des wasserreichen Wadi Amman eine der größten jungsteinzeitlichen Sied-lungen des ganzen Mittleren Ostens. Grabungsfunde aus der Bronzezeit, die man auf einem Hügel im Stadtzen-trum zutage förderte, bezeugen, dass die Bewohner schon zwischen dem frühen 2. Jahrtausend und etwa 800 v. Chr. rege Handelskontakte zu den Griechen, Aramäern, Zyprioten und zu Mesopotamien unterhielten.

Biblisches Zeitalter

In biblischer Zeit war Rabath Ammon, wie die Siedlung mittlerweile hieß, die Residenzstadt der Ammoniter. Dieses ostjordanische Volk errichtete jenen Kranz von rund fünfzig Wehrtürmen, deren letztes Exemplar noch heute na-he dem Goethe-Institut auf dem Dschebel Amman zu bewundern ist. Der nächste Herrscher über die Stadt war David, der König der Israeliten.

Die Bibel erwähnt Rabath in der Zeit nach David nur im Zusammenhang düsterer Weissagungen. Die Prophe-zeihungen erfüllten sich: Die Stadt wurde nacheinander von Assyrern, Babyloniern und Persern heimge-sucht. Nach dem Tod Alexanders des Großen war sie Zankapfel zwischen den Ptolemäern und Seleukiden, bis der ägyptische Herrscher Ptolemäus II. Philadelphus (285–246 v. Chr.) sie wieder aufbaute, hellenisierte und ihr den Namen Philadelphia gab. Auf zwei Intermezzi durch die Seleukiden und Nabatäer folgte als neuer Herrscher Herodes der Große.

Bereits kurz zuvor hatte sich die Stadt, die auf eine lange Tradition als wichtige Karawanenstation entlang der Weihrauchstraße zurückblickte, dem Städtebund der Dekapolis, der zehn Städte, angeschlossen. Unter rö-mischer Herrschaft, blühte sie noch weiter auf. So wie Bosra und Gerasa/ Jerash, die beiden anderen Metropo-len der Provincia Arabia, erhielt auch Philadelphia ein klassisches Gewand in Form imperialer Straßen, Häuser, Befestigungsanlagen und Tempel.

Frühbyzantinisches Zeitalter

In frühbyzantinischer Zeit war die Stadt Bischofssitz, doch ihr Nieder-gang war nicht aufzuhalten. Sie fiel in

Karte
Seite
34

Blick auf die Stadtkulisse von Amman vom Zitadellenhügel

die Hände der persischen Sassaniden (614 n. Chr.) und wenig später in jene der islamischen Eroberer (630). Unter der ersten, der omaijadischen Dynastie, spielte sie als Umschlagplatz für Karawanen noch eine durchaus beachtliche Rolle. Doch mit der Verlagerung des Kalifensitzes von Damaskus nach Bagdad verlor sie rapide an Bedeutung. Während der Kreuzzüge und der Mameluckenherrschaft zog das südlich gelegene Kerak alle Kräfte an sich. Schließlich geriet Amman vollkommen in Vergessenheit; jahrhundertelang galt es als unbewohnt.

19. Jahrhundert

Als sich 1878 auf Geheiß der osmanischen Regierung im Wadi Amman eine kleine Kolonie von Tscherkessen niederließ, die vor den Verfolgungen der zaristischen Truppen aus ihrer Heimat, dem Kaukasus, in den Vorderen Orient geflohen waren, entstand an der Stelle des ehemals ruhmreichen Philadelphia zumindest wieder ein von rund 2000 Menschen bewohntes Dorf. Eine Generation später hatten sich zu den Tscherkessen syrische und palästinensische Händler gesellt. Amman war zu einer wichtigen Station

an der von Damaskus nach Medina führenden Hedschas-Bahn geworden, mehrere tausend Menschen lebten hier. 1918 wurde Amman von den britisch-beduinischen Truppen erobert. 1922 erklärte Prinz Abdullah das rasant wachsende Amman zur Hauptstadt des neuen Emirats Transjordanien. Es entstanden Moscheen und Geschäfte, die zentralen Straßen wurden verbreitert und begradigt, der Raghadan-Palast errichtet.

20. und 21. Jahrhundert

Als 1927 ein Erdbeben die Gegend erschütterte, verließen die Wohlhabenderen ihre teilweise noch in tscherkessischer Tradition aus Lehm und Holz gefertigten Behausungen im Tal, um sich auf den umliegenden Hügeln stabile Steinhäuser zu erbauen.

Eine explosionsartige Entwicklung nahm die Stadt nach dem Zweiten Weltkrieg: 1946 erlangte Transjordanien formell seine Unabhängigkeit. Der bisherige Emir und nunmehrige König erklärte 1950 zugleich mit der Angliederung der Westbank an sein Reich Amman zur Hauptstadt. Fortan betätigten sich die ansässigen Kaufleute als Zwischenhändler für Produkte aus

Karte
Seite
34

dem Westjordanland. Ihre Gewinne stiegen und stiegen. Massive Landflucht setzte ein. Zudem strömten 1948/49 und dann nochmals nach dem Sechstagekrieg (1967) Hunderttausende palästinensischer Flüchtlinge in die Stadt, deren Fläche in den 1970er-Jahren von 21 auf 54 km² wuchs. Längst wurden ehemalige Vororte von dem großen Ballungsraum vereinnahmt. Die Abhänge der Hügel sind übersät von modernen Reihenhäusern und Villenkolonien aus Kalkstein. Im Stadtzentrum säumen imageträchtige moderne Geschäfts- und Bürozentren viele der breiten Straßen.

Nachdem 1991 in Folge des Golfkriegs 300 000 Jordanier und Palästinenser aus Kuwait in ihre Heimat zurückkehrten und seit dem Ende der Ära Saddam Husseins zusätzlich hunderttausende Iraker hierher umgesiedelt sind, zählt Amman heute über 2 Mio. Einwohner.

Stadtbesichtigung

Die Orientierung fällt in Amman anfangs nicht leicht. Zwar sind alle Straßen beschildert, aber im Volksmund heißen die meisten völlig anders. Prägnantes Beispiel: Die Abu Bakr as-Siddiq Street kennt jeder nur als Rainbow Street. Von den insgesamt sieben Hügeln (arab.: Dschebel) sind vier unmittelbar um den Stadtkern gruppiert – Dschebel al-Qala'a, al-Hussein, al-Ashrafiyah und, als in der Stadtstruktur zentraler Berg, der Dschebel Amman.

Zur besseren Orientierung hat man entlang der Hauptstraße, die vom alten Stadtkern in das elegante Regierungs-, Banken- und Hotelviertel auf dem Dschebel Amman und weiter westwärts führt, die Kreisverkehre (circles) von eins bis acht nummeriert,

wobei es sich vom vierten an um ganz normale, ampelgeregelte Kreuzungen handelt.

Die hügelige, rapide wachsende Metropole ist nur im unmittelbaren Zentrum eine Stadt für Fußgänger. Die Außenbezirke erkundet man besser per Taxi. Diese sind relativ preiswert und mit vertrauenswürdigen Taxametern ausgestattet.

Rund um den Suq

Die recht uniforme, amerikanisierte Umgebung lässt nicht vermuten, dass man sich auf historischem Boden befindet. Doch man muss sich nur einmal nach »Downtown« begeben.

Dort liegt Ammans zentraler Markt, der **Suq ❶**. Und hier hat einen der wunderbar quirlig-chaotische Orient wieder. Obst und Gemüse, lebendige Hühner, Gewürze und sündhaft süße Klebrigkeiten werden da feilgeboten und vielerlei Souvenirs – vom betörenden Parfum über das geschnitzte Kamel bis zur arjila (Wasserpfeife) und der keffiye (Kopftuch der Palästinenser). Im Goldsuq glitzern 24-karätige Schätze für Hals, Ohren, Finger und Brust um die Wette. Schon hier werden Neuankömmlingen die Freundlichkeit der Menschen und ihre guten Englischkenntnisse auffallen.

Interessiert man sich nach dem Besuch des Suqs für Sightseeing, steht zunächst die **Al-Hussein-Moschee ❷** auf dem Programm, eine große, jedoch schmucklose, mit zwei runden, verschiedenartigen Minaretten versehene Moschee von 1924.

Für eine Kaffeepause in stimmungsvoller Umgebung empfiehlt sich das **Café Eco-Tourism**. Es liegt an der Südseite der King Faysal Street, schräg gegenüber dem Gold Suq und der Arab Bank. ○

Das riesige Römische Theater fasst mehr als 6000 Zuschauer

Römische Spuren

Unmittelbar hinter dem Suq erheben sich die monumentalen Reste des **Nymphäums ❸**, des Prachtbrunnens der ehemaligen Römerstadt. Leider sind sie von modernen Gebäuden verbaut und nur zu erkennen, wenn man unmittelbar davorsteht.

Weit imposanter ist das im zweiten nachchristlichen Jahrhundert erbaute ***Römische Theater ❹**. Es wurde 1957 freigelegt und vorbildlich restauriert. Das Theater fasst in insgesamt 44 Reihen rund 6000 Zuschauer und fand in den letzten Jahren – nicht zuletzt dank seiner exzellenten Akustik – häufig als Freilichtbühne Verwendung.

In seinen Seitenräumen birgt es zwei sehenswerte kleine Sammlungen: Das **Folkloremuseum** (Mo–Do 8 Uhr bis Einbruch der Dunkelheit, Fr/Fei 10–16 Uhr) vermittelt Einblicke in die traditionellen Lebensformen des Landes: In einem Beduinenzelt und einem nachempfundenen städtischen Wohnzimmer werden alte Möbel, Waffen, Haushaltsgeräte, Musikinstrumente sowie Arbeitsutensilien von Stickern, Sattlern und Teppichwebern präsentiert. Im **Museum**

für jordanisches Brauchtum (geöffnet wie Folkloremuseum) können Sie Trachten, Schmuck und Fragmente byzantinischer Mosaike bewundern.

Rechts neben dem Theaterausgang, an der östlichen Kolonnade des Forums, stößt man auf das **Odeon ❺**. Etwa zur selben Zeit wie das Theater erbaut, wird es mit seinen 600 Sitzplätzen heute hauptsächlich für Musikveranstaltungen genutzt.

⭐ Ein Café mit Internetzugang und Buchladen, das **Books@ Café**, findet man in der Mango Street am First Circle (tgl. 10–1 Uhr).

Zitadellenhügel

Nächste Pflichtstation jeder Besichtigung ist der nördlich des Stadtzentrums liegende Zitadellenhügel, ***Dschebel al-Qalaà**. Energiegeladene erklimmen ihn per pedes. Bequemer – und angesichts des noch zu erwartenden innerstädtischen Bergaufs und Bergabs vorzuziehen – geht's im Taxi.

Die Straße endet vor dem **Archäologischen Museum ❻**. Obwohl relativ bescheiden in seinen Ausmaßen, birgt es eine respektable Menge von Fun-

Karte
Seite
34

den quer durch die Epochen der örtlichen Geschichte. Da finden sich unter anderem die ältesten Menschenfiguren aus Ton (ca. 10 000 Jahre alt), eine Kopie der Stele des moabitischen Königs Mescha (s. S. 18), bronzezeitliche Sarkophage, Keramikstatuetten aus dem 1. Jh. v. Chr., alt- und jungsteinzeitliche nabatäische, römische, byzantinische und islamische Objekte. 2007 , vermutlich in der zweiten Jahreshälfte, übersiedelt die Sammlung komplett in ein nagelneues Museum im Bezirk Ras al-Ain.

Zu den wichtigsten Exponaten gehören Schriftrollen, die in einer kleinen Nische am rechten Ende des Museums stehen. Sie wurden 1952 auf der Westseite des Toten Meeres entdeckt. Eine in Metall gravierte Inschrift berichtet zudem von Schätzen, die am Westufer des Jordan versteckt sein sollen. Wissenschaftler vermuten, dass es sich dabei um Wertgegenstände aus dem jüdischen Tempel handelt, die vor der Zerstörung durch die Römer entfernt worden waren. Alle Versuche, den Schatz zu finden, blieben bis jetzt erfolglos.

Im Südwesten an das Museum angrenzend sind auf einer höher gelegenen Terrasse die Reste eines aller Wahrscheinlichkeit nach Herkules geweihten **Tempels** zu sehen. Er datiert in die Regentschaft Kaiser Marc Aurels, also in die zweite Hälfte des zweiten nachchristlichen Jahrhunderts. Die eigentliche Attraktion des sakralen Ortes ist freilich das Panorama auf die Stadt. Etwas weiter nördlich haben italienische Archäologen die Reste einer dreischiffigen byzantinischen **Basilika** freigelegt.

Der Kernbau der Zitadelle (arab.: al-Qasr) liegt im Zentrum des Hügels. Dieser sog. **Omaijaden-Palast** ❼, ein

❶ Suq
❷ Al-Hussein-Moschee
❸ Nymphäum
❹ Römisches Theater
❺ Odeon
❻ Archäologisches Museum
❼ Omaijaden-Palast
❽ König-Abdullah-Moschee
❾ Abu-Darwish-Moschee

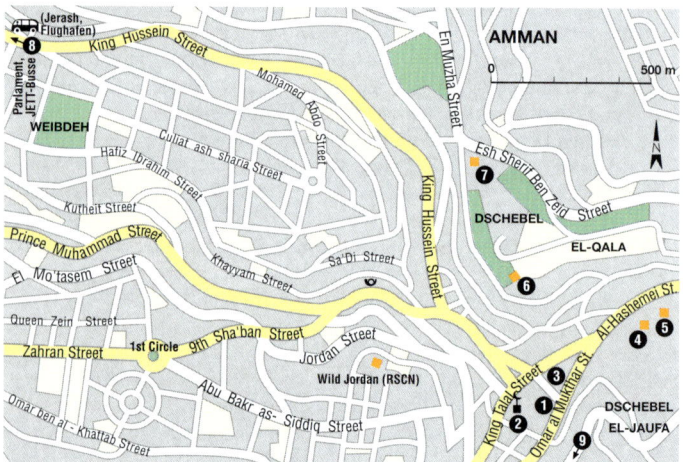

Die Abu-Darwisch-Moschee ließ ein tscherkessischer Einwanderer errichten

weitläufiger Komplex, der eine komplette römische Kolonnadenstraße einschloss, wurde im frühen 8. Jh. n. Chr. erbaut und diente wohl dem örtlichen Gouverneur als Residenz.

Öffnungszeiten für das gesamte Gelände inkl. Museum: Sa–Do 8–19, im Winter bis 16, Fr 10–16 Uhr.

Moscheen
Zwei markante Sehenswürdigkeiten seien noch erwähnt: zum einen die **König-Abdullah-Moschee** ❽ (1988), die größte und dank ihrer blauen Kuppel schönste Moschee der Stadt (Sulayman an-Nabulsi Street); zum anderen Ammans zweite Hauptmoschee, die schwarz-weiß gestreifte **Abu-Darwish-Moschee** ❾ aus den 1920er-Jahren. Von ihr hat man einen herrlichen Blick auf Amman, denn der Dschebel al-Ashrafiyah, auf dem sie steht, ist der höchste der sieben Hügel.

⭐ Von ihrer europäischsten Seite zeigt sich die Metropole in den aufstrebenden **westlichen Bezirken.** Lohnend ist zum Beispiel ein Spaziergang entlang der Rainbow Street und ihren Seitengassen (nahe dem 1st Circle). Sie sind gesäumt von elegantten Villen des Adels, der Botschafter und der Händlerfamilien aus den 1920er- und 1930er-Jahren. Noch weiter im Westen sprießen modernste Neubauten, Shopping Malls, Hotels und Restaurants aus dem Boden.

Ausflüge

Ein verlockendes Ziel für einen nur zwei- bis dreistündigen Ausflug ist das 10 km westlich gelegene **Wadi es-Sir.** Eine enge Straße führt durch das so fruchtbare wie malerische Tal. An seinem Anfang sieht man rechts einen Aquädukt aus römischer Zeit und kurz darauf eine in den Fels geschlagene, dreistöckige Fassade, die – entgegen ihrem Namen Ed-Deir (»Kloster«) – vermutlich Teil eines spätantiken Taubenschlags war. Am Ende des Tals liegt der Ort **Iraq el-Amir,** was etwa »Höhle des Prinzen« bedeutet. Die Burg ****Qasr el-Abd** (»Burg des Sklaven«) existierte bereits in ammonitischer Zeit. Sie hieß Birtha und wurde, so berichtet der Chronist Flavius Josephus, im 2. Jh. v. Chr. von den Nachkommen des Juden Tobias, eines persischen Statthalters aus dem 5. Jh.,

Karte
Seite
34

Die Reste der Burg Qasr el-Abd mit ihren feinen Löwenreliefs

errichtet. Die Mauern des 40 m langen, 20 m breiten und 18 m hohen späthellenistischen Baus stürzten bei einem Erdbeben ein. Unter der Obhut eines französischen Archäologen wurde er samt seiner bemerkenswert feinen Löwenreliefs in vieljähriger Kleinarbeit wieder aufgebaut.

⭐ Sehenswert ist auch das **Kan Zaman Village,** ein ehemaliger Bauernweiler, der in ein stilvolles Museumsdorf verwandelt wurde. Gutes Restaurant und Café, Werkstätten und Läden für Kunsthandwerk; erlebenswert, obwohl recht hochpreisig. Ca. 15 km vom Zentrum hinter 7th Circle, 3 km abseits der Airport Road, Tel. (06) 412 83 91, tgl. 10–24 Uhr.

Infos

Tourismusministerium (Ministry of Tourism and Antiquities), Dschebel Amman, nahe dem 3. Kreisverkehr (3rd Circle), Tel. (06) 460 33 60, Fax 464 84 65,

www.tourism.jo; oder beim **Jordan Tourism Board,** Tel. (06) 567 82 94, Fax 567 84 44, www.visitjordan.com

Flughafen: Queen-Alia-Flughafen, ca. 32 km südlich (Busverbindung). **Busverbindungen:**
■ Von der JETT-Bus-Station, King Hussein Street, 500 m hinter der Abdali-Haltestelle, fahren regelmäßig Busse nach Petra und Aqaba ab.
■ Jede halbe Stunde verkehren Flughafenbusse ab 6.30 bis 22 Uhr zwischen dem Queen-Alia-Flughafen und der Abdali-Haltestelle.
■ Busse mit Fahrtziel im Norden und Westen (z. B. Irbid, Jerash, Ramtha) ab Abdali-Haltestelle. Es gibt keinen Fahrplan – die Mini-Busse fahren, wenn alle Plätze besetzt sind.
■ Busse und Sammeltaxis Richtung Süden starten an der Wahadat-Haltestelle am Verteilerkreis »Middle East-Circle«.

🏠 **Grand Hyatt Ammann,** Al Hussein Bin Ali Street, Tel. (06) 465 12 34, Fax 465 16 34, www.amman.hyatt.com. Eines der schönsten und luxuriösesten Hotels der Stadt; großzügige Zimmer, bester Service. ○○○
■ **Jordan Inter-Continental,** Dschebel Amman, 3rd Circle, Tel. (06) 464 13 61, Fax 464 52 17, www.intercontinental. com. Standardadresse für Diplomaten und Business-Leute, 24-Std.-Rundum-Service mit allem erdenklichen Komfort, modernes Ambiente. ○○○
■ **Kempinski,** Shmeisani, Abdul Hameed Shouman St., Tel. (06) 520 02 00, Fax 520 02 02, www. kempinski.com. Ein neuer Rolls-Royce unter den Hotels der Hauptstadt: hochelegant, hypermodern. ○○○
■ **Four Seasons,** Dschebel Amman, 5th Circle, Al-Kindie St., Tel. (06) 550 55 55, Fax 550 55 56,

Die Kunst des Feilschens

Karte
Seite
34

Für Außenstehende liegt es nahe, das Ritual des Aushandelns eines Preises, das man in jedem Basar beobachten kann, ausschließlich mit dem Wesen der Beteiligten zu erklären. Ist doch altbekannt, dass die Menschen im Orient blumige Worte und theatralische Gesten lieben. Doch so einfach ist die Sache nicht. Zum einen wird auch bei uns im Westen um manche Güter, deren Wert nicht von vornherein feststeht, gefeilscht. Denken wir nur an Löhne, Immobilien, Antiquitäten oder Gebrauchtwagen. Zum anderen werden auch im Basar Dinge wie etwa Grundnahrungsmittel oder billige Konsumgüter zu Fixpreisen gehandelt. Außerdem schadet Feilschen in vielen Fällen dem Prestige.

Die Hauptgründe für diese Form des Handelns liegen vielmehr in den sozialen und wirtschaftlichen Rahmenbedingungen: Ein Kennzeichen der traditionellen Basarökonomie ist nämlich der ständige Mangel an objektiver Information.

Für gewöhnlich sind im Einzelhandel Warenzeichen oder Güteklassen unbekannt und Maße und Gewichte nur unzureichend vereinheitlicht. Da in Ländern wie Jordanien bis vor ein, zwei Generationen die meisten Einheimischen Analphabeten waren – und dies in vielen anderen arabischen Ländern immer noch sind –, bedienen sich die Menschen bis heute einer Strategie, die auf dem mündlichen Austausch von Daten basiert.

So testet der Käufer zuerst das aktuelle Preisniveau, indem er verschiedene Händler unverbindlich nach Preisen befragt. Wo er auf das günstigste Angebot stößt, beginnt er zu feilschen. Ziel des Verkäufers ist es dabei, einen Stammkunden zu gewinnen, Ziel des Käufers, mit einem vertrauenswürdigen Händler eine dauerhafte Beziehung aufzubauen, um künftig zeitsparend, ohne lange Verhandlungen einkaufen zu können. Beide Seiten profitieren also vom Feilschen.

Von ein paar Tricks, derer sich beide Seiten dabei bedienen, können auch Touristen durchaus profitieren: So fahren Frauen beim Feilschen in der Regel besser, weil sich die Galanterie der Händler gern in Großzügigkeit zu äußern pflegt. Aber auch die Tageszeit spielt eine Rolle: Am frühen Nachmittag lähmen oft Hitze und manchmal auch Haschisch die Lust des Händlers am verbalen Zweikampf. Die allergrößte Chance auf ein Schnäppchen besteht kurz vor dem Abendgebet. Denn einer alten Sitte gemäß wird dem letzten Einkäufer des Tages ein Rabatt gewährt.

Allerdings ist zu sagen, dass das Feilschen unter Jordaniern ein wenig aus der Mode kommt. Denn in den modernen Shopping Malls gelten selbstverständlich wie in Europa Fixpreise. Auch in vielen Einzelhandelsläden haben sich diese mittlerweile durchgesetzt. Flexibel verhandelbar sind sie vor allem noch in Basaren.

Karte
Seite
34

Treffpunkt der Männer: Kaffeehaus

www.fourseasons.com. Perfekter gehts kaum: elegantes Ambiente, makelloser Service, famose Restaurants (Italiener und Thai). ○○○

▌ **Bonita Pension,** Dschebel al-Amman, 3rd Circle, Tel. (06) 461 50 60, Fax 461 95 48. Intimes, sehr sympathisches Mittelklasse-

Haus mit nur sechs Zimmern. Unmittelbar darunter gutes Restaurant mit spanischer Küche. ○○

▌ **Cliff Hotel,** gegenüber dem Seiko Corner, Waet al-Baled St., Tel. (06) 462 42 73. In der Altstadt. Zu Recht sehr beliebt bei Rucksackreisenden, sehr hilfreiches Personal in allen praktischen Fragen, sauber, sommers Ventilatoren in allen Räumen sowie Möglichkeit, auf dem Dach im Freien zu schlafen. ○

▌ **As-Sahn al-Dimashq,** Shmeisani, neben dem Pizza Hut, Tel. (06) 566 36 16. Hervorragende arabische Küche. Besonders empfehlenswert: die große Mezze-Auswahl. ○○

▌ **La Brasserie** Im Le Meridien Hotel, Shmeisani, Queen Nur Street, Tel. (06) 569 65 11. Gute levantinische Speisen und ein Angebot hochwertiger Weine von der Westbank. ○○

▌ **Romero,** Dschebel al-Amman, gegenüber Inter-Continental, Tel. (06) 464 42 27. Leckere italienische Küche. ○○

Royal Society for the Conservation of Nature

Die Königliche Gesellschaft für Naturschutz (RSCN) hat sich im Laufe der Jahre zu einer sehr aktiven und einflussreichen Nichtregierungsorganisation entwickelt, die sich öffentlichkeitswirksam um Tier- und Umweltschutz kümmert. Ihr Ammaner Zentrum **Wild Jordan** ist aus mehreren Gründen einen Besuch wert. Das Café-Restaurant, gestaltet von Stararchitekt Ammar Khammash, bietet gesunde, gute Drinks, leckere biodynamische Speisen und dazu einen wunderbaren Panoramablick auf Ammans Altstadt von der Terrasse. Im Zentrum gibt es außerdem Internet-Zugang, einen Ausstellungsbereich sowie den Nature Shop, und die Fundgrube für Souvenirs. Vor allem aber erfährt man im Wild Jordan alles über das öko-touristische Angebot in den von der RSCN betriebenen Naturreservaten Dana, Wadi Mujib, Ajlun, Wadi Rum, Azraq und Shaumari und kann auch gleich Quartiere und Exkursionen buchen.
Wild-Jordan-Zentrum, Othman bin Affan St., nahe Rainbow St., Dschebel Amman/1st Circle, Tel. (06) 461 65 23, Fax 533 46 10, www.rscn.org.jo.

⭐ ***Petra

Felsenwunder: die alte Hauptstadt der Nabatäer

Die Ruinen von Petra, der 2000 Jahre alten Handels- und Königsstadt der Nabatäer, sind eines der großartigsten und zugleich rätselhaftesten architektonischen Wunder der Welt. Hätte man in Jordanien nur für eine einzige Besichtigung Zeit, die Wahl müsste auf Petra fallen. Um wenigstens die wichtigsten der über ein weites Areal verstreuten Denkmäler Petras kennen zu lernen, sollte man sich unbedingt zwei Tage Zeit nehmen und in einem der Hotels am Eingang zum Talkessel übernachten.

Geschichte

Bereits lange vor der Antike bildete die Arabische Halbinsel eine Drehscheibe des Welthandels. An ihrer Südküste und im Norden des heutigen Somalia wuchsen die für die religiösen Riten der Ägypter und Babylonier unverzichtbaren Aromastoffe Myrrhe und Weihrauch. Schon die Untertanen der Königin von Saba und deren Nachbarn aus den angrenzenden Vasallenreichen zogen aus diesem Reichtum Profit. Sie organisierten auf Handelswegen, die von Südarabien bis an die Küste des Mittelmeers führten, den Nachschub und betätigten sich als Zwischenhändler für Güter aus Indien.

Antike
Um 300 v. Chr. entstand dann auf dem Gebiet des heutigen Jordanien ein in seiner Art einmaliger Karawanenstaat: Das Wüstenvolk der Nabatäer war in das Gebiet zwischen Aqaba und dem Toten Meer geströmt. Anfangs vor

Karte Seite 45

allem als Karawanenräuber aktiv, betrieben sie bald selbst den Ferntransport im großen Stil. Sie schufen einen Sicherheitskordon mit Wachposten, bewachten Brunnen und legten an den Kreuzungen der Straßen Warendepots an. In der Oase Hegra pflegten sie das duftende Räucherwerk von den Südarabern zu übernehmen. Von dort schleppten ihre Kamelkolonnen die Ware in dreißig bis vierzig Tagesmärschen über die Weihrauchstraße bis zu den Häfen Gaza oder Rhinocolura, dem späteren el-Arish, oder tiefer im Landesinneren durch das Wadi Sirhan nach Bosra und Damaskus.

Im letzten vorchristlichen Jahrhundert erreichte der nabatäische Staat unter Aretas III. seine größte Ausdehnung. Damals standen sogar die syrischen Städte Damaskus und Bosra unter seinem Einfluss. Es war ein Staat ohne eigentliche Grenzen, ohne Steuern, soziale Unruhen und mit nur wenigen Sklaven – ein ungewöhnlich friedlicher Staat, dessen Streben einzig dem Gewinn durch Handel galt.

Schon bei ihrer Ankunft in dieser Gegend, vermutlich im 3. Jh. v. Chr., zogen sie es vor, sich der ansässigen Urbevölkerung, den Edomitern, zu assimilieren, statt sie zu verdrängen. Auch auf die wenig später erfolgenden Angriffe des syrischen Diadochen Antigonus reagierten sie lediglich mit dem Rückzug in die unwegsamen Berge, worauf sie den Feind mit großzügigen Geschenken beruhigten. Und auch mit den römischen Feldherren, die zweimal – 63 und 25 v. Chr. – zur Eroberung Nordarabiens antraten, einigten sie sich lieber durch Verhandlungen als durch Schlachten.

Zeitenwende
Der Erfolg dieser Strategie geriet erstmals nach dem Jahre 106 in Gefahr, als die Römer den Norden der Halbinsel

Karte Seite 45

zur Provincia Arabia erklärten und die Schifffahrt auf dem Roten Meer forcierten. Doch endgültig verloren die Nabatäer ihr Monopol erst im dritten nachchristlichen Jahrhundert mit dem Aufstieg Palmyras zur führenden Handelsmacht bzw. durch das Eindringen neuer Nomadenstämme. Letztere forderten anfangs nur Schutzabgaben. Allmählich jedoch nahmen sie den innerarabischen Landtransport selbst in die Hand. Als Palästina im 7. Jh. der islamischen Eroberung anheim fiel, versank das einstmals mächtige Handelsimperium in Vergessenheit – und mit ihm seine wundersame Hauptstadt.

Diese Hauptstadt – sie hieß Petra, was im Griechischen »Fels« bedeutet – hatten die Nabatäer in 950 m Seehöhe, hoch über dem Wadi Araba, in den weichen nubischen Sandstein ge-

hauen. Aus zwei Gründen war dieser Ort prädestiniert: Zum einen bot die sog. Mosesquelle, die am Ortseingang des Wadi Musa, dem »Mosestal«, aus dem verkarsteten Kalkboden entspringt, die Lebensgrundlage in dieser Wüstenei. Zum anderen gewährleistete die Abgeschiedenheit des Hochtals die nötige Sicherheit und die Lage nahe der Königsstraße gleichzeitig die strategisch dominierende Position im Transitgeschäft des Vorderen Orients.

Erkundung der Felsenstadt

Ausgangspunkt jeder Erkundungstour Petras ist das **Visitor's Centre,** das Besucherzentrum, in dem man die Tickets kauft und Führer anheuern kann (tgl. 7–22 Uhr; Schalterbetrieb nur bis 17, im Winter bis 16 Uhr).

Um die Ecke befindet sich der einzige Eingang in das Ruinengelände (Petra Gate; tgl. 6–17, im Winter bis 16 Uhr). Ein paar hundert Meter dahinter tauchen am rechten Wegrand bereits die ersten Denkmäler auf – drei Djin-(Geister-)Blöcke, die lange Zeit für Wasserspeicher gehalten wurden, jedoch wahrscheinlich einen sehr frühen Grabtypus darstellen. Gegenüber sieht man das von vier pyramidalen Pfeilern bekrönte Obeliskengrab über dem **Bab Al-Siq Triklinium,** einem klassischen nabatäischen Gebäude, das vermutlich als Versammlungs- und Gedenkraum genutzt wurde.

Der **Innere Siq

Hat man die Djin-Blöcke passiert, verengt sich wenig später der abschüssige Weg zu einer schmalen, legendären Schlucht, Siq genannt, die von alters her den Hauptzugang in die Metropole der Nabatäer bildete.

Kultur und Natur

Die Kombination aus grandiosen Baudenkmälern der Antike und einer ebenso grandiosen Gebirgslandschaft macht aus Petra nicht nur die größte Sehenswürdigkeit Jordaniens, sondern eine der fantastischsten Ruinenstätten der Welt. Obwohl der Schweizer Orientreisende Johann Ludwig Burckhardt (1784–1817) im Sommer des Jahres 1812 dieses Weltwunder als erster Europäer wieder entdeckte (s. S. 46), begannen die ersten systematischen Ausgrabungen erst 1924. Seitdem haben Archäologen über 800 Denkmäler verzeichnet – Gräber, Tempel, Opferplätze, Bäder, Brunnen und Kanäle, Mauern und Türme zur Verteidigung, eine Säulenstraße, ein Theater …

Karte
Seite
45

*Typisch: die marmorierten Felsforma-
tionen und Maserungen im Gestein*

*Zwischen den hoch aufragenden
Felsen des Siq*

Am Eingang des Siq befand sich
schon vor 2000 Jahren ein Damm, der
die Hauptstadt vor winterlichen Flut-
wellen schützte. Nachdem hier 1968
28 Menschen in einer jähen Sturzflut
ertrunken waren, errichtete man nach
antikem Vorbild erneut ein Wehr. Seither leitet der von den Nabatäern ge-
grabene Tunnel im Notfall die Wasser-
massen in ein Seitental ab.

Bis zu 70 m hoch ragen die Wände
zu beiden Seiten des Weges, der im
Altertum mit Kalksteinplatten gepflas-
tert war, fast lotrecht empor. Stellen-
weise ist er gerade 2 bis 3 m breit; einzelne der antiken Pflastersteine wurden freigelegt und belegen die hand-
werklichen Fähigkeiten der Nabatäer.

⭐ Romantischen Zauber entfaltet die Veranstaltung **Petra by
Night** jeden Do und Mo um 20.30 Uhr.
Aberhunderte Kerzen illuminieren die
Wege, auf denen Besucher schwei-
gend unter grandiosem Sternenhim-
mel vom Eingang zum Siq und weiter

bis zum Schatzhaus spazieren. Dort
bekommen sie im flackernden Licht
Tee kredenzt und werden von musizie-
renden Beduinen und einem Märchen-
erzähler verzaubert, ehe jeder für sich
den Weg zurück antritt. 12 JD pro Person, Tickets und Start im Visitor's Center, Tel. (03) 215 60 20.

Geologischer Ursprung
Die Vermutung liegt nahe, dass dieser
tiefe Einschnitt im Fels das Werk von
Wasser, also ein Canyon, ist. Doch Ge-
ologen sagen, dass es tektonische
Kräfte waren, die hier einen kompak-
ten Felsstock an einer Nahtlinie, ge-
wissermaßen seiner Sollbruchstelle,
aufgerissen haben. Das Auge kann
sich an der Schönheit der Felsverwer-
fungen kaum satt sehen: Wellenförmi-
ge Längsmuster sind immer wieder
von Querrillen durchbrochen.

Feine Adern verleihen dem Gestein
die Textur von Blättern. Entlang der
linken Felswand verläuft ein künstlicher, in der Antike gemeißelter Was-
serkanal, der schließlich auf die rech-
te Seite überwechselt und sich dort in
Form von Tonröhren fortsetzt.

Zu der faszinierenden Vielfalt an
Formen kommt das unendlich varian-
tenreiche Farbenspiel. Die Palette der
Schattierungen reicht von einem teils
matten, teils metallischen Grau über
Hellbraun bis zu einem leuchtenden

Rostrot, in das sich zusätzlich gelbliche, bläuliche wie auch grünliche Töne mischen.

⭐ Theoretisch können sich nur gehbehinderte Besucher für den Weg durch den Siq eine **Kutsche** mieten, in der Praxis jedoch alle.

Das Schatzhaus

Kurz vor seinem Ende verengt sich der Siq ein letztes Mal. Hoch über den Köpfen berühren die Wände einander beinahe. Dann tritt man aus der dämmrigen Schlucht auf einen etwa 250 m langen und 70 m breiten, von Felswänden umschlossenen Platz und hat **Khazne Faraun** ❶ vor sich, das so genannte Schatzhaus des Pharao. Fast 40 m misst diese mächtige, in den Fels gemeißelte Fassade von der Säulenbasis bis zur bekrönenden Urne.

⭐ Das schönste Licht zum **Fotografieren** fällt am frühen Vormittag auf die Fassade des Khazne.

So flexibel die Nabatäer in der Diplomatie agierten und auch mit ihrer Sprache umgingen (sie nahmen immer wieder Elemente aus anderen Sprachen in ihren aramäischen Vokabelschatz auf), so flexibel erwiesen sie sich auch als Architekten. Sie verquickten ihre ursprünglichen arabisch-semitischen Bauformen gekonnt mit ägyptischen und hellenistischen Einflüssen. Bestes Beispiel für dieses Stilgemisch ist die rund 40 m hohe, 28 m breite zweistöckige Fassade des Schatzhauses. In ihr sind klassische Elemente, etwa die sechs korinthischen Säulen samt Giebel und Attika, mit nabatäischen (etwa die Kapitelle), mesopotamischen (die Zinnen) und

Blick auf das Schatzhaus des Pharao

phönizischen Elementen kombiniert. Dazu ist die Fassade mit Götterstatuen, Tierskulpturen und mythologischen Figuren geschmückt.

Kein Wunder, dass sowohl die Entstehungszeit als auch der Zweck des Bauwerks Rätsel aufgaben: Nabatäisch oder römisch? Tempel oder Grab? Die Experten diskutierten endlos. Immerhin ist mittlerweile der Grabcharakter kaum noch umstritten. In der Frage der Datierung schwanken die Angaben aber bis heute zwischen Anfang des ersten vorchristlichen und Mitte des zweiten nachchristlichen Jahrhunderts.

Der Äußere Siq

Nach dem Khazne Faraun verbreitert sich das Tal. Der Äußere Siq lenkt den Besucher zunächst an der **Straße der Fassaden** ❷ vorbei. Schlichte, strenge Formen wechseln mit üppig barocken Elementen ab. Einmal besteht das Dekor nur aus ein paar Zinnen- und Treppenfriesen, ein andermal sind Säulen, Giebel, Nischen und Friese zu vielteiligen Kompositionen verknüpft. Halbverschüttete Portale lassen vermuten, dass das Wegniveau zur Blütezeit vor 2000 Jahren deutlich tiefer gelegen haben muss.

Die Seitentäler

300 m nach dem Schatzhaus führen abgetretene Stufen linker Hand durch eine kleine Seitenschlucht, das Wadi Mataha, auf einen Sattel.

Folgt man von hier der Markierung, einem blauen Quadrat, erreicht man nach weiterem Anstieg einen Grat namens Zibb Atuf, was mit »barmherziger Phallus« zu übersetzen ist. Hier ragen zwei 7 m hohe **Obelisken** ❸ in den Himmel – Symbole für die Seelen der Toten. Sie wurden aus dem natür-

Karte
Seite
45

Karte
Seite
45

Rundaltar auf dem Hohen Opferplatz

lichen Fels herausgearbeitet, in dem man die Bergspitze einfach abtrug.

Gegenüber, auf dem Gipfel des Dschebel Madbah, liegt 190 m über dem tiefsten Punkt der Stadt der **Hohe Opferplatz** ❿ (arab.: al-Madhah), eine Weihestätte in großartiger Lage.

Der Ausblick reicht über das Tal von Petra, in dem Steven Spielberg Teile des Films »Indiana Jones und der letzte Kreuzzug« drehte, bis zum Dschebel Umm el-Biyara und weiter bis zum Dschebel Haroun. Diese religiöse Anlage umfasste einen zentralen Platz mit zwei Opferaltären samt Abflussrinnen für das Blut der geopferten Tiere und einer kleinen Anhöhe, auf die die

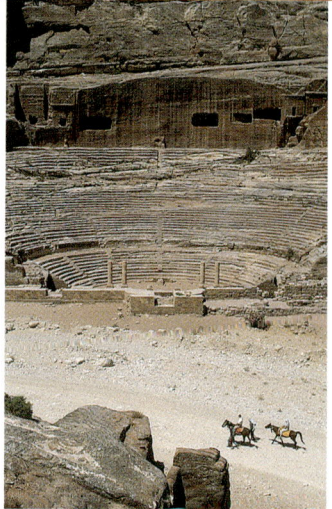
Vor der Kulisse des Römischen Theaters wirken Pferd und Reiter winzig klein

Gläubigen ihre Gaben deponierten. Daneben stießen Archäologen auch auf Wasserkanäle und ein Becken, in dem Reinigungsrituale stattfanden.

Vom Opferplatz führen steile Felstreppen in das Wadi Farasa hinunter und passiert dabei den **Löwenbrunnen** ❸, der über eine Rinne die darunter gelegene Stadt mit Wasser ver-

Petras Beduinen

Bis Mitte der 1980er-Jahre gehörten ihre schwarzen Zelte aus Ziegenhaar und ihre Kinder, die den Touristen aus den bewohnten Felshöhlen entgegenliefen, gleichsam zum festen Inventar des antiken Weltwunders. Und manche von ihnen halfen den Ortsunkundigen als »local guides«, in diesem Labyrinth wieder auf den rechten Weg zu kommen. Mittlerweile sind die Einheimischen mit Ausnahme jener Souvenirhändler, die Beduinen-

tücher, rührend falsche Tonscherben oder mit buntem Sand gefüllte Fläschchen anbieten, fast völlig verschwunden. Der Grund: 1985 hat die jordanische Regierung, in der Annahme, dem Bedürfnis der Touristen entgegenzukommen, fast alle im Stadtgebiet von Petra ansässigen, bis dahin halbnomadischen Sippen in die Gegend der Nachbarortschaft al-Beidha umgesiedelt. Dort leben sie nun in kleinen Häusern aus Beton.

Karte
Seite
45

sorgte. Nächster Besichtigungspunkt ist der **Gartentempel** ❼ mit seiner Zisterne, von der aus sich das Wasser auf ein Netz aus Kanälen, Tonröhren und Reservoirs verteilte. Weiter talwärts kommt man am **Grab des römischen Soldaten** ❽, das drei Statuen in römischen Uniformen zieren, sowie mehreren anderen Gräbern vorbei, ehe der Weg in das Zentrum der einstigen Altstadt mündet. Für den gesamten Fußmarsch über den Hohen Opferplatz sind etwa drei Stunden zu rechnen.

Theater
Aber zurück zum Äußeren Siq: Dort liegt, gleich hinter der Abzweigung zum Opferplatz, links das **Theater** ❽. Zwischen 7000 und 8500 Menschen hatten auf den vierzig in den Fels geschlagenen Rängen Platz, die nach römischer Tradition als halbkreisförmige Orchestra angelegt sind. Schon die Nabatäer hatten hier ein Theater gebaut, aber seine heutige Größe gaben ihm die Römer, die dazu ohne jeden Skrupel viele der älteren Gräber dem

- Ⓐ Khazne Faraun
- Ⓑ Straße der Fassaden
- Ⓒ Obelisken
- Ⓓ Hoher Opferplatz
- Ⓔ Löwenbrunnen
- Ⓕ Gartentempel
- Ⓖ Grab des römischen Soldaten
- Ⓗ Theater
- Ⓘ Urnengrab
- Ⓙ Seidengrab
- Ⓚ Korinthisches Grab
- Ⓛ Palastgrab
- Ⓜ Mausoleum des Sextius Florentius
- Ⓝ Nymphäum
- Ⓞ Cardo Maximus
- Ⓟ Großer Tempel
- Ⓠ Tempel der geflügelten Löwen
- Ⓡ Temenostor
- Ⓢ Qasr al-Bint
- Ⓣ Archäologisches Museum
- Ⓤ Kolumbarium

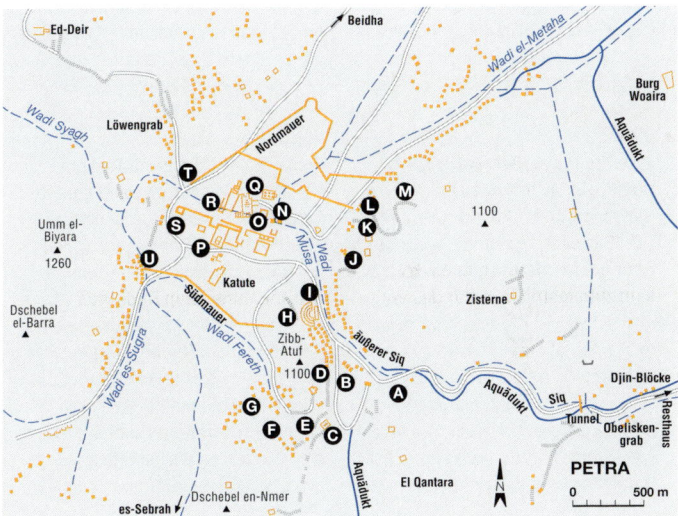

Karte
Seite
45

Erdboden gleichmachten. Trainierte Kletterer können von hier aus direkt zum Hohen Opferplatz gelangen. Beim schweißtreibenden Aufstieg lassen sich in den Abhängen etliche Wasserleitungen und -rinnen erkennen. Es heißt, das Halbrund des Theaters habe in byzantinischer Zeit als städtisches Wasserreservoir gedient.

Königswand

Schräg gegenüber dem Theater führt eine Treppe hinauf zu Petras imposantesten Fassadengräbern – in die so genannte Königswand. In den zwölf Mausoleen, die dort in den Fels gehauen sind, wurden vermutlich nabatäische Könige beigesetzt. Den größten Eindruck hinterlässt das **Urnengrab** ❶ mit seinen riesigen Eckpfeilern und Halbsäulen sowie einer mehrstöckigen, von einem mächtigen Giebel bekrönten Fassade. Es wird oft fälschlicherweise als Gerichtsgebäude bezeichnet. Manche Forscher sehen darin das Grab des Königs Malichus II. Fest steht, dass der Bau 446 zur Kathedrale von Petra geweiht und

Die (Wieder-)Entdeckung Petras

Es war im Sommer 1812, als sich ein junger Schweizer namens Johann Ludwig Burckhardt auf dem beschwerlichen Weg durch die Levante nach Kairo befand. Der 25-Jährige hatte in Aleppo Koranwissenschaften und Arabisch studiert und plante, im Auftrag einer britischen Forschungsgesellschaft von Ägypten aus das Innere Schwarzafrikas, insbesondere die Quellen des Flusses Niger, zu erkunden. Als er in jenem Sommer durch das Ostjordanland ritt, berichteten ihm Beduinen von einer geheimnisvollen Ruinenstätte, die inmitten des Wüstengebirges verborgen liegen sollte.

Seine Neugier war entfacht, doch die Führer argwöhnten, der Fremde würde sich an den Schätzen vergreifen. Nur durch eine List gelang es Burckhardt, sich Zutritt zu verschaffen: Er gab sich als muslimischer Pilger aus – immerhin kannte er Sprache und Sitten der Einheimischen – und behauptete, ein Gelübde abgelegt zu haben, das

Grab Aarons, das er in dieser Gegend vermutete, zu besuchen. Aaron wird als Harun auch im Islam hoch verehrt. Der Wunsch war dem Fremden also nicht abzuschlagen.

So wanderte Burckhardt am 22. August 1812 als erster Europäer nach über 600 Jahren durch den Siq und bis an den Fuß des Dschebel Haroun. Dort opferte er aus Gründen der Glaubwürdigkeit eine mitgeführte Ziege. Trotz höchster Zeitnot – der Anblick des Weltwunders war ihm nur einen Tag lang vergönnt –, fertigte er etliche Planskizzen des Geländes und der Fassade des »Pharao-Schatzhauses« an. Seine Tagebücher, die vor allem in Großbritannien großes Aufsehen erregten und in denen er ganz zutreffend notiert hatte, es sei »sehr wahrscheinlich, dass die Ruinen im Wadi Musa jene des alten Petra sind«, wurden erst 1822 veröffentlicht – fünf Jahre, nachdem Burckhardt, ohne jemals das Innere Afrikas betreten zu haben, in Kairo an der Ruhr gestorben war.

Mausoleen im Fels – die Königswand

seine Grabnischen an der Rückwand des Felssaales zu Apsiden ausgewölbt wurden. Vorbei am **Seidengrab** ❶, so genannt nach der bunten Maserung seiner Steinfassade, führt der Weg zum **Korinthischen Grab** ❻. Nördlich davon liegt in unmittelbarer Nachbarschaft das dreistöckige imposante **Palastgrab** ❶ und, gut 300 m entfernt, das **Mausoleum des Sextius Florentius** ❶ – seines Zeichens Statthalter, der unter Kaiser Hadrian die Provincia Arabia verwaltete.

Antiker Boulevard

Steigt man wieder hinab zum Äußeren Siq und folgt ihm das Wadi Musa entlang in Richtung Westen, gelangt man am **Nymphäum** ❶, dem öffentlichen Brunnen, vorbei zur römischen Kolonnadenstraße, dem **Cardo Maximus** ❶. Dieser einstige Boulevard der Stadt wurde mindestens bis ins 6. Jh. benutzt. Rechts und links sind noch Teile von Häusern, Palästen, Tempeln,

Läden und Markthallen zu erahnen. Das Areal zur Linken haben Experten als einstiges **Forum** (Marktplatz) identifiziert. Weiter westlich auf derselben Seite erheben sich die kolossalen Reste des im späten 1. Jh. vor Christus erbauten **Großen Tempels** ❶, dahinter die der ehemaligen Bäder.

Jenseits des Cardo haben amerikanische Archäologen die Überreste eines Heiligtums freigelegt, das aufgrund figürlich gestalteter Kapitelle die Bezeichnung **Tempel der geflügelten Löwen** ❶ trägt.

Das dreiteilige, in Fragmenten erhaltene **Temenostor** ❶, das die Säulenstraße in ihrer ganzen Breite abschloss, markiert die Grenze zwischen profanem und sakralem Bereich. 114 n. Chr. zu Ehren Kaiser Trajans errichtet, diente es zugleich als Triumphbogen und als Eingangstor in den Temenos, den 200 m langen Tempelbezirk. Dessen Ende bildet **Qasr al-Bint** ❶, den die örtlichen Beduinen Qasr al-Bint Faraun, »Palast der Tochter des Pharao«, nennen. Der Tempel, 23 m hoch und Petras einziges völlig frei stehendes Bauwerk, war das Hauptheiligtum der Stadt und demgemäß Dushara, der führenden Gottheit der Nabatäer, geweiht.

Berg El-Habis mit Felsentempel Ed-Deir

Auf dem kleinen Berg westlich des Tempels, dem El-Habis, finden sich ein weiterer Opferplatz und auf einem Nachbargipfel die Ruine einer von den Kreuzrittern erbauten Burg. Auf dem Weg dorthin liegt das **Archäologische Museum** ❶. Es wurde in einer farbenprächtig gemaserten Felshöhle, die früher auch Regenbogentempel hieß, untergebracht und birgt neben diversen Kleinfunden nabatäische Keramik

Karte Seite 45

Karte
Seite
45

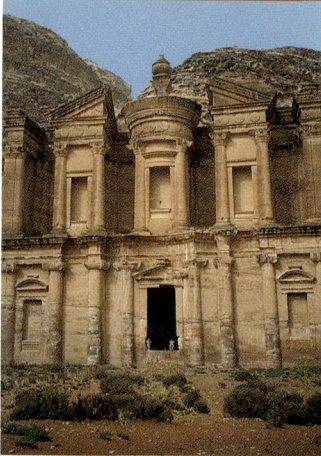

Der Felsentempel ed-Deir

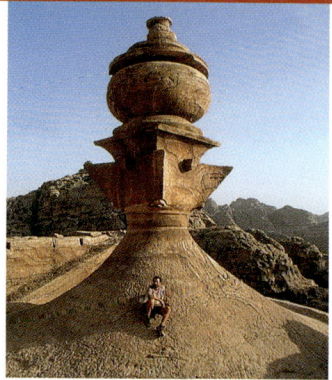

Das Dach des Felsentempels

sowie Reliefs und Skulpturen in helle-
nistisch-römischem Stil.

An der Ostflanke des El-Habis
verdienen noch ein unvollendetes
Grab sowie das sog. **Kolumbarium** ⓫
Beachtung, ein nachträglich für Urnen
in mehrere hundert kleine Nischen ge-
gliedertes ehemaliges Nabatäergrab.

Von hier gelangt man auf einer
etwa dreiviertelstündigen Wanderung
zum berühmten Felsentempel Ed-Deir.
Der einstige Prozessionsweg kreuzt
zunächst auf einem Brückchen das
Bett des Wadi Musa, führt sodann
über etliche, teilweise recht steile
Treppen zum sog. Löwengrab, das tatsächlich ein Gedenk- und Versamm-
lungssaal ist, dessen Eingangsportal
die Reliefs zweier Löwen zieren, und
endet jenseits eines Passes auf einem
großen Plateau. Es wird beherrscht
von einer wahrlich monumentalen
Fassade: Ed-Deir, vermutlich ein Göt-
terheiligtum, ist ähnlich gegliedert
wie Khazne Faraun, doch mit einer
Breite von 50 und einer Höhe von
45 m noch größer als das »Schatzhaus
des Pharao«. Die Urne über dem Kapi-
tell misst sage und schreibe 9 m! Der
Blick reicht von hier oben Richtung

Westen bis in das 1500 m tiefer gelegene Wadi Araba hinab, durch das
vom Toten bis zum Roten Meer die
Grenze zwischen Jordanien und Israel
verläuft. Im Südwesten erkennt man
auf der Spitze des **Dschebel Haroun**
die kleine weiße Grabmoschee, in der
Aaron (arab.: Harun), Moses' Bruder,
seine letzte Ruhe fand (Genehmigung
zur Besichtigung im Visitor Centre).

Umgebung

Wer genügend Zeit und Kondition mit-
bringt, kann von Qasr al-Bint über den
Dschebel el-Habis und durch das Wadi
Tughra auf den 1160 m hohen Berg
Umm el-Biyara wandern – der Aufstieg ist schwierig, das Panorama von
oben dafür aber prächtig. Ein lohnender Tagesausflug ist auch die Wanderung – bzw. der Ritt auf einem Pferd
oder Kamel – am Umm el-Biyara und
Dschebel Haroun vorbei nach **Es-
Sabrah.** Alle Touren sollte man unbedingt nur in Begleitung eines ortskun-
digen Führers unternehmen!

Öffnungszeiten von Petra:
tgl. 7–16 Uhr (im Sommer 7–17 Uhr).
Tickets gibt es für einen (21 JD),
zwei (26 JD) oder vier (31 JD) Tage.

Infos

ℹ️ **Visitor's Centre** am Eingang (vgl. S. 40), Tel. (03) 215 60 20, www.petranationaltrust.org

Busverbindung: Von Amman (Wihdat Station) verkehren frühmorgens und am Nachmittag mehrere Minibusse und Sammeltaxen sowie um 6 Uhr früh ein JETT-Bus nach Petra. Zwei bis drei Busse kommen morgens aus Aqaba, einer aus dem Wadi Rum.

⭐ In den letzten Jahren sind viele Hotels entstanden. Günstige Unterkünfte findet man vor allem im modernen Ort Wadi Musa.

🏠 **Taybet Zaman,** Feriendorf nahe Petra, Tel. (03) 215 01 11, Fax 215 7112, reservation@taybet zaman.com, www.taybetzaman.com (Seite ist im Aufbau). In einem alten Dorf wurden 95 Häuser restauriert und dienen nun als malerische Unterkunft im traditionellen Stil, bereichert durch modernen Luxus. ○○○

▪ **Mövenpick,** Tel. (03) 215 71 11, Fax 215 01 01, www.moevenpick-petra. com. Bei der Ruinenstadt, wunderschön gestaltetes Hotel mit hohen internationalen Standards, Wellness, Sport und Restaurants. ○○○

🍴 **Petra Kitchen,** Wadi Musa, Tel. (03) 215 59 00. Ein originelles kulinarisches Erlebnis: Kleine Gästegruppen bereiten gemeinsam mit Küchenprofis einheimische Spezialitäten zu. Dann verspeist man zusammen das Fabrizierte. Reservierung 1–2 Tage im Voraus, Tel. (03) 215 66 65. ○○

▪ **Basin,** Tel. (03) 215 62 66. Das einzige Restaurant im Areal von Petra. Kantinenflair, aber gutes Essen, nur mittags. ○–○○

Das Meer – der Fluss – die Wüste

1
Karte Seite 50

Amman → **Totes Meer → **Jordantal → *Pella → *Gadara → Irbid → ***Jerash → Amman

Zugegeben – man muss früh aufstehen, um diese über 400 km lange Rundfahrt an einem Tag zu bewältigen. Belohnt werden der Aufbruch in der Dämmerung mit einem unvergesslichen Naturschauspiel und einigen der schönsten Ruinenstätten des Nahen Ostens. Der Weg führt durch die biblische Berglandschaft westlich von Amman hinunter zum Toten Meer, durch das fruchtbare Jordantal, vorbei an den Ausgrabungen von Pella und Umm Qeis Richtung Osten in die Basaltwüste, nach Umm el-Jimal. Den kunsthistorischen Höhepunkt bilden die Ruinen der ehemaligen Römerstadt Gerasa/ Jerash sowie die nahe Burg Qala'at er-Rabat bei Ajlun. Wer eine eingehendere Erkundung plant, kann in Irbid oder Ajlun übernachten.

Von Amman nach Südwesten

Die Fahrt geht auf der Zahran Street zunächst nach **Na'ur** (s. S. 70). Von hier ist das Jordantal über die Autobahn schnell erreicht. Erlebnisreicher, aber länger ist die Fahrt auf der alten Überlandstraße. Sie schlängelt sich durch eine grandiose, in vielen Farbnuancen flirrende Gebirgsszenerie talwärts, dem Toten Meer entgegen.

Bei Kilometer 37 steht ein Wegstein mit der Aufschrift »Sea Level«. Zirka

1
**Karte
Seite
50**

2 km danach tauchen rechts auf dem steinernen Abhang ein Dutzend etwa 2 mal 1,5 m große Steinmale auf. Es sind die letzten von 20 000 prähistorischen Dolmen und Menhire, mit denen das Ostjordanland einst übersät war. Sie entstanden zwischen dem 2. und 5. Jt. v. Chr. und bestehen aus drei oder vier Seitensteinen, auf denen ein oder zwei Deckplatten ruhen.

Die Lufttemperatur nimmt nun rapide zu – kein Wunder, nähert man sich doch dem mit 392 m tiefsten trockenen Punkt der Erdoberfläche.

✴ **Totes Meer**

Kurz nach den steinzeitlichen Relikten ist man von der Richtung Jerusalem führenden Hauptstraße links abgebogen und hat den Ort **Suweima ❶** pas-

siert. Ein paar Kilometer und Kontrollposten der jordanischen Armee später steht man dann schließlich am Ufer dieses weltberühmten salzigen Sees. *Al-bahr al-mayyit* oder *al-bahr al-Lut* (»Meer des Lot«), wie dieses rund 75 km lange, zwischen 6 und 16 km breite und bis zu 430 m tiefe Gewässer auf arabisch heißt, verfügt über mehrere Zu-, aber keinerlei Abflüsse. Deshalb, aber auch wegen der hohen Verdunstung beträgt sein Salzgehalt über 30 % – mehr als zehnmal so viel wie der des Mittelmeers. Hier kann außer ein paar Bakterien nichts Organisches leben.

In den letzten 35 Jahren schrumpfte der See um ein Drittel, und jedes Jahr fällt der Wasserspiegel um einen Meter, denn die Zuflüsse bewässern nun vor allem Felder – das Tote Meer ist akut bedroht.

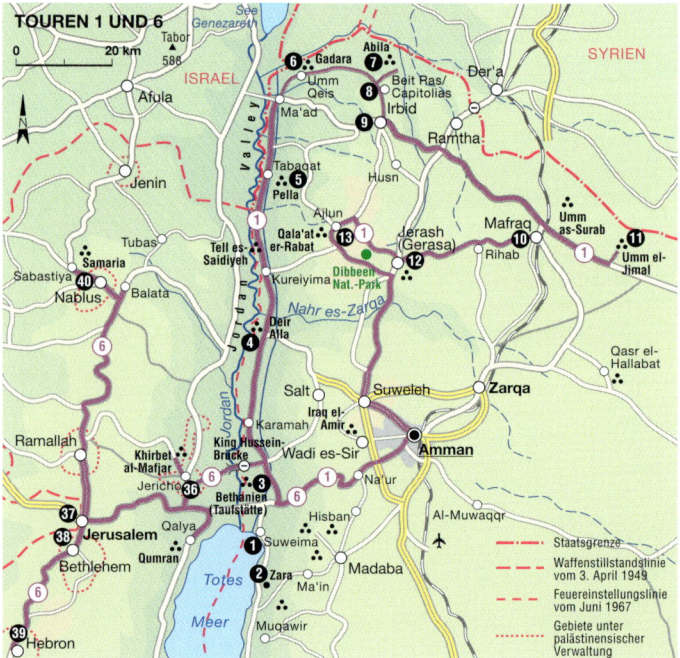

TOUREN 1 UND 6

0   20 km

ISRAEL
SYRIEN

Afula
Jenin
Tubas
Samaria
Sabastiya
Nablus
Balata
Ramallah
Jericho
Jerusalem
Bethlehem
Hebron

Tabor
588
Umm Qeis
Ma'ad
Tabaqat
Pella
Ajlun
Qala'at er-Rabat
Tell es-Saidiyeh
Kureiyima
Deir Alla
Salt
Karamah
Iraq el-Amir
Khirbet al-Mafjar
King Hussein-Brücke
Wadi es-Sir
Qalya
Qumran
Suweima
Zara
Ma'in
Muqawir

Gadara
Abila
Beit Ras/Capitolias
Irbid
Husn
Der'a
Ramtha
Jerash (Gerasa)
Dibbeen Nat. Park
Mafraq
Rihab
Umm as-Surab
Umm el-Jimal
Qasr el-Hallabat
Suweleh
Zarqa
Amman
Na'ur
Hisban
Al-Muwaqqr
Madaba
Bethanien (Taufstätte)

Totes Meer

Staatsgrenze
Waffenstillstandslinie vom 3. April 1949
Feuereinstellungslinie vom Juni 1967
Gebiete unter palästinensischer Verwaltung

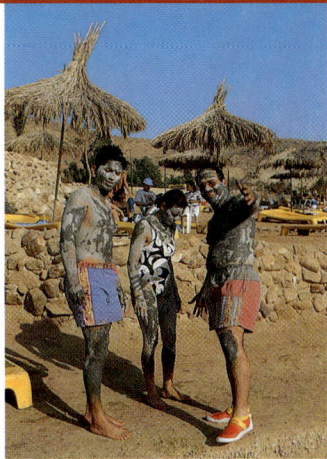

*Aus dem Toten Meer ragen regelrechte
Salzkrusten hervor*

*Gesund urlauben: nach dem
Heilschlammbad im Salt Land Village*

Fährt man am Fuß der moabitischen Berge das Ostufer entlang,
stößt man nach 20 km auf etliche
heiße Quellen, die zum Bad einladen.

Ganz in der Nähe liegen die Reste
von **Zara** ❷ des in der Zeit von König

Herodes dem Großen angelegten
Thermalbades. Wer ein intensives
landschaftliches Erlebnis sucht, sollte
eines der teilweise palmenbestan-
denen, schluchtartigen Seitentäler
durchwandern.

Baden im Toten Meer

Ein Badeerlebnis der speziellen
Art ist es, in die Fluten des Toten
Meeres zu steigen. Denn der extrem hohe Salzgehalt verschafft
dem Körper weit mehr Auftrieb als
im gewöhnlichen Meerwasser.
Dadurch ragt man zu weit aus dem
Wasser, um wirklich schwimmen zu
können. Aber man kann sich ohne
die geringste Anstrengung auf
dem Rücken treiben lassen und
dabei – für den obligaten Schnapp-
schuss – sogar Zeitung lesen.
Verlassen kann man das Wasser
am besten in Hockstellung.

Einen Wermutstropfen beim salzigen Vergnügen gibt es allerdings:

Die kleinsten Kratzer beginnen wie
wild zu brennen, ein in die Augen
verirrter Tropfen verursacht minu-
tenlange schmerzhafte »Blind-
heit«, und wieder an Land ist die
Haut im Nu mit einer unangenehm
juckenden Salzschicht überzogen.
Deshalb: Nie ins Wasser, wo nicht
sofort nach dem Bad eine Dusche
oder Quelle Süßwasser garantiert.
Gegen Sie jedoch unbedingt spar-
sam mit dem kostbaren Nass um!

Und: Verpassen Sie sich am Mee-
resufer eine Packung aus dem
mineralhaltigen, schmutzig grauen
Schlamm. Ihre Haut wird es Ihnen
danken, sie verjüngt sich schnell.

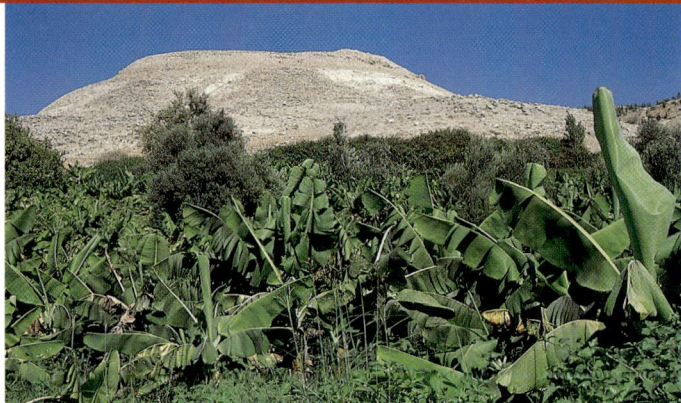

Das fruchtbare Jordantal bildet die Grenze zwischen Jordanien und Israel

⭐ Das **Amman Beach Resort** ist ein öffentliches Strandbad mit Duschen und Toiletten, 2 km vom Hotel Mövenpick (s. S. 26) entfernt. Dank vieler Spielplätze ist es auch für Familien gut geeignet. Eintritt 3 JD.

**Jordantal

Die nächste Etappe auf dieser Tour führt in Richtung Norden in jene Flusssenke, welche in der Bibel die »Steppe von Moab« und bei den Arabern *Ghor* heißt. Sie ist ein Teil des geologischen Grabenbruchs, der von der Beqaa-Ebene im Libanon über den See Genezareth, das Tote und Rote Meer bis auf den afrikanischen Kontinent reicht und sich dort als Great Rift Valley fortsetzt.

Der Jordan bildet seit der Antike die östliche Grenze der mediterranen Welt und seit 1967 die Demarkationslinie zwischen Jordanien und der von Israel besetzten Westbank. Das am Unterlauf des Flusses rund 11 km, am Oberlauf knapp halb so breite Ostufer wird dank des vorherrschenden Treibhausklimas und seiner fruchtbaren Erde landwirtschaftlich intensiv genutzt. Das dafür dringend benötigte zusätzli-

che Wasser bringt der sog. East-Ghor-Kanal vom Jarmuk. Nach dem Sechstagekrieg lebten hier etwa 5000 Jordanier, heute bewohnen über 100 000 Menschen diesen Landstrich.

⭐ Jesus wurde, so berichtet die Bibel (Joh. 1, 28), in »Bethanien jenseits des Jordans« von Johannes dem Täufer getauft. **Bethanien ❸**, nördlich der King- Hussein-Brücke, hat man 1998 entdeckt. Inzwischen sind die Ausgrabungen fortgeschritten, Papst Johannes Paul II. hat die Stätte im Heiligen Jahr 2000 besucht. Eine Besichtigung des **Baptism Archeological Park** lohnt sich nur im Rahmen einer Führung (tgl. 8 Uhr bis ca. 1 Std. vor Einbruch der Dunkelheit).

Eine der wenigen größeren Ortschaften am Jordan ist **Deir Alla ❹**. Am Eingang dieses aufstrebenden Agrarzentrums fanden Archäologen auf einem 30 m hohen Tell (Hügel) Siedlungsreste, die sie mit dem biblischen Ort Sukkot assoziieren. Dazu gehören auch Reste eines offenen Heiligtums aus der Mittleren Bronzezeit (ca. 1500 v. Chr.).

Für Laien vermutlich sehenswerter ist der wenige Kilometer weiter nörd-

1
Karte
Seite
50

lich gelegene Siedlungshügel **Tell es-Saidiyeh,** und zwar wegen einer teilweise erhaltenen Treppe, die an seinem Nordhang in 125 Stufen zu einer Quelle hinabführt und zur Eisenzeit entstanden sein soll.

1
Karte
Seite
50

*Pella ❺

30 km nördlich von Deir Alla erreicht man das Städtchen Maschare. Knapp 2 km nach der Ortsdurchfahrt führt eine unscheinbare Seitenstraße rechts in das kleine Nebental Wadi Jirm. Schon im Neolithikum hatten die Menschen die Vorzüge jenes geschützten Flecken Erdes erkannt, der seit der Antike als Pella Berühmtheit genießt: Im Winter blasen hier die Winde und beißt der Frost deutlich weniger heftig als auf dem nahen Hochplateau. Im Sommer wiederum weht eine kühle Brise vom transjordanischen Hügelland herab und lindert die über dem Jordantal brütende Hitze. Vor allem aber spendet eine Quelle das ganze Jahr über, auch in der ärgsten Trockenzeit, Wasser.

Anfang und Blütezeit

Bereits Anfang des zweiten vorchristlichen Jahrtausends, in der Bronzezeit, fand der klimatisch solcherart gesegnete Ort, damals noch unter dem älteren semitischen Namen *Pihilum* oder *Pehel,* in ägyptischen Texten Erwähnung. Grabfunde belegen, dass hier damals Kanaaniter lebten. In hellenistischer Zeit kam die Siedlung, nachdem makedonische Eroberer sie in Gedenken an die Geburtsstadt Alexanders des Großen auf Pella umgetauft hatten, unter die Kontrolle der Ptolemäer, später der Seleukiden und Makkabäer. Von Letzteren wurde sie 83 v. Chr. schließlich verwüstet. Wenig später leitete der Römer Pompeius

Tempelanlage bei Pella

den Wiederaufbau ein und machte Pella zu einer Stadt der Dekapolis, jenes von ihm gegründeten Zehnstädtebundes, zu dem unter anderem auch Jerash, Gadara und Philadelphia, das heutige Amman, gehörten.

Ihre Blüte erlebte die für ihre öffentlichen Bäder gepriesene Stadt zur Zeit der Byzantiner. Im Januar des Jahres 635 kam es jedoch vor ihren Mauern zu einer folgenschweren Schlacht: Die von der Arabischen Halbinsel nordwärts stürmenden muslimischen Krieger besiegten eine mächtige byzantinische Armee. 80 000 Griechen fanden dabei angeblich den Tod.

Das Ende

Zur Zeit der Omaijaden wurde *Fahl* – so Pellas arabischer Name – durch ein schweres Erdbeben (747) erschüttert. Unter dem Ajjubiden Saladin und später unter den den Mamelucken erholte es sich. Doch nach der osmanischen Invasion 1516 raubten die Steuereintreiber aus Istanbul der Stadt und

1

Karte
Seite
50

dem Tal endgültig die ökonomische Grundlage. Pella geriet ins Abseits und blieb für 500 Jahre verlassen.

Im 19. und 20. Jh. diente die Ruinenstätte als Steinbruch. Heute findet man in dem Dorf **Tabaqat Fahl,** dem modernen Nachfolger von Pella, in zahlreichen Häusern von Beton umbaute antike Kapitelle und Säulen.

Sehenswertes

Für archäologisch Interessierte beachtenswert sind einerseits auf dem Haupthügel die Fundamente eisenzeitlicher Häuser und Befestigungsmauern aus Lehm, andererseits unten im Tal aus römischer und byzantinischer Zeit die Reste mehrerer Tempel, einer Säulenstraße, eines kleinen Theaters und einer dreischiffigen Basilika. Am Ortsrand hat man Gräber sowie eine weitere Basilika, die so genannte Westkirche, ausgegraben. Und im Tal nördlich des Haupthügels, dem Wadi Khandak, stößt man auf Ausgrabungen abbasidischer Häuser (9./10. Jh.) und auf eine Moschee aus der Mameluckenzeit.

🏃 **Resthouse Pella.** Von der Terrasse aus, auf der man sich den »Holy Fish« aus dem Jordan und andere Spezialitäten der lokalen Küche munden lassen kann, bietet sich ein schöner Rundblick über das Jordantal und die Westbank. Tel. 079 557 41 45, tgl. 8–20 Uhr. ◯◯

Das antike *Gadara ❻

Von Pella folgt die Tour der Hauptstraße – den Jordan beziehungsweise Ghor-Kanal entlang – in den nordwestlichsten Zipfel Jordaniens. Dort liegt auf einem strategisch wichtigen Sattel das Dorf **Umm Qeis** mit den Ruinen der hellenistisch-römischen Stadt Gadara. An klaren Tagen genießt man von hier oben einen grandiosen Blick über das gesamte nördliche Jordantal, die Felsschlucht des Jarmuk und den See Genezareth bis zu den Golanhöhen und zum Berg Hermon.

Seine historische Bedeutung verdankt der Ort seiner Lage an der Kreuzung wichtiger Handelswege, seinen Namen dem Römer Gnaeuis Pompeius. Er hatte die Stadt 63 v. Chr. erobert und neu ausgebaut. In hellenistischer Zeit bereits ein Zentrum griechischer Kultur, hat Gadara u. a. Satiriker vom Range eines Menippos oder Meleager hervorgebracht. Von Jesus berichten die Evangelisten, er sei nach seiner stürmischen Fahrt über den See Genezareth in dieses Gebiet gekommen und habe zwei Besessene geheilt.

Baudenkmäler

Als Mitglied der römischen Dekapolis verfügte Gadara über großstädtische Infrastruktur. Folgt man der Hauptstraße, dem säulengesäumten *Decumanus Maximus,* stößt man auf imposante Überreste: im Westen ein Hippodrom, ein Theater, ein Mausoleum und ein Wasserbecken, im Osten ein zweites Theater aus schwarzem Basalt, das 2000 bis 3000 Zuschauer fasste, daneben einen Innenhof mit schön dekorierten Sarkophagen und unweit davon die durch mehrere Säulen markierte Terrasse, auf der sich einst eine byzantinische Kirche auf achteckigem Grundriss erhob.

⚠️ Das Theater von Gadara wird momentan renoviert und ist deshalb bis auf Weiteres nur eingeschränkt zu besichtigen.

Unmittelbar hinter dem Kirchenplatz zweigt eine antike Geschäftsstraße mit knapp zwei Dutzend überwölbten Ladenräumen ab. Gegenüber führt ein

Gardara war einst Mitglied im römischen Zehnstädtebund Dekapolis

Feldweg zu einem weiteren, stark zerstörten Mausoleum und zu den Becken eines spätantiken Bades. Die Hügel zu beiden Seiten trugen ausgedehnte Nekropolen, von denen einzelne Hypogäen (unterirdische Kulträume bzw. Gewölbe) mit schweren Basalttüren erhalten geblieben sind. Von Interesse ist außerdem der nach wie vor begehbare, bis zu 2 m hohe, 1,2 m breite und über 500 m lange Tunnel – einst Teil eines raffiniert ausgeklügelten Leitungssystems.

Am Ortsausgang von Umm Qeis stehen etliche restaurierte Häuser aus spätosmanischer Zeit, darunter *Bayt Rusan,* in dem heute das Visitor's Centre und ein kleines **Museum** untergebracht sind. Es zeigt örtliche Grabungsfundstücke, interessante alte Gebrauchsgegenstände aus mehreren Jahrhunderten sowie schöne Statuen aus Marmor und Mosaike (tgl. außer Di 8–17, Winter 8–16 Uhr; Eintritt frei).

Das **Restaurant** im Visitor's Centre bietet nicht nur arabische Köstlichkeiten, sondern auch einen wirklich grandiosen Blick auf die Ruinen von Gadara über den (israelischen) See Genezareth und hinauf zu den (syrischen) Golanhöhen; in der Hochsaison ist es auf jeden Fall empfehlenswert, Plätze vorzubestellen, Tel. (02) 750 05 55, tgl. 10–22 Uhr. ○○

Abila und Capitolias

Entlang der Strecke in die Provinzhauptstadt Irbid erwarten archäologisch Interessierte noch zwei Sehenswürdigkeiten – Abila und Capitolias.

Um nach **Abila** ❼ zu kommen, zweigt man von der Hauptstraße links in Richtung Kharta ab. Nach ca. 7 km, am Anfang des modernen Ortes Queilbeh, geht's bei einer Gabelung nach rechts und gleich nochmals rechts zum Ruinenfeld. Hier, wo schon in der frühen Bronzezeit (um 3000 v. Chr.) Menschen siedelten, fördern Archäologen seit den 1980ern die Grundmauern der antiken Stadt zutage. Hauptfund der Ausgrabungen auf dem nördlichen der beiden Stadthügel Abilas ist das Fundament einer dreischiffigen byzantinischen Basilika. Auf dem südlichen sind es, über dem teilweise verschütteten Halbrund eines römischen Theaters, Reste von Wohn-

1

**Karte
Seite
50**

bauten. Hier wurden auch Säulen einer zweiten Basilika wieder errichtet.

Die Überreste der alten Handelsstadt **Capitolias ❽** liegen direkt an der Hauptstraße, nur 5 km nördlich von Irbid. Sie besitzt keinerlei aufrechte Ruinen, doch im angrenzenden Dorf Beit Ras stößt man dann inmitten der nicht gerade ansprechenden modernen Verbauung auf zahlreiche antike Mauerblöcke und Kapitelle.

Irbid ❾

Das Zentrum der Nordwestprovinz hat historisch wenig zu bieten, war es doch noch vor hundert Jahren ein Dörfchen. Mittlerweile ist Irbid mit rund 500 000 Einwohnern Jordaniens zweitgrößte Stadt, wichtiges Handels- und Agrarzentrum und Sitz einer Universität. Dennoch konnte es sich eine charmante Ursprünglichkeit bewahren. Zu empfehlen ist das **Museum of Jordanian Heritage** mit beachtlichen archäologischen Exponaten aus der Region (Sa–Mi 10 — 17 Uhr, gratis).

Al-Joude, am Ende von Manama Street, neben University St., Tel. (02) 727 55 15, Fax 727 55 17. Ruhig, sauber, geräumig, sehr nettes Personal, in jedem Zimmer Sat-TV, im Erdgeschoss das News Café. ○

Al-Hana. Gegenüber der Universität liegt dieses einfache Lokal, das gute Küche in angenehmer Atmosphäre bietet. ○○

Nach Mafraq

Die Straße von Irbid nach Mafaq führt erst durch die fruchtbare Ebene von Ramtha und, hat man die Hauptstraße von Amman nach Deraa und Damas-

kus erst einmal überquert, hinein in eine grauschwarze Basaltwüste. Kurz vor **Mafraq ❿**, einer jungen, wenig attraktiven Stadt, kreuzt man die Gleise der von den Osmanen erbauten legendären Hedschas-Bahn. Von Mafraq aus folgt man der Fernverkehrsstraße Richtung Bagdad und der aus dem Irak westwärts führenden Ölpipeline.

*Umm el-Jimal ⓫

Nach 16 km führt links ein Asphaltsträßchen zu den Ruinenstätten, die »Mutter des Kamels« genannt werden. Selten wurde eine Stadt auf einen so passenden Namen getauft: Ganz in der Nähe kreuzten sich in der Antike die Handelsrouten aus dem Gebiet des heutigen Jordanien, Syrien und Irak. Die Stadt bot sich durchziehenden Karawanen als idealer Rastplatz auf dem Weg durch die Lavawüste an, zumal es ihre Einwohner perfekt verstanden, das Wasser der Winterregen mittels vieler kleiner Dämme in riesigen Zisternen zu speichern. Es erstaunt nicht zu hören, dass Umm el-Jimal eine Gründung der Nabatäer ist, waren die Herren von Petra doch unbestritten Meister im Bau komplizierter Wasserversorgungssysteme.

Historischer Rückblick

Thantia, wie die Stadt wohl unter den Römern hieß, liegt am südlichen Rand des Hauran, der südsyrischen, vorwiegend von Drusen bewohnten Basaltebene. Dem schwarzen Vulkangestein, aus dem die Stadt erbaut ist, verdankt sie zum einen ihre ein wenig beklemmende Düsterkeit, zum anderen aber auch ihren erstaunlich guten Erhaltungszustand. Aus Mangel an Holz hatte man nämlich in ihrer Blüte, der byzantinischen Zeit, nicht nur die Wände und Decken der Häuser und

A Südwest-Tor
B Wohnhäuser
C Südwestkirche
D Numerianoskirche
E Kathedrale
F Westkirche

G Claudiuskirche
H Julianuskirche
I Nordostkirche
J Doppelkirche
K Masechoskirche
L Südostkirche

M Gouverneurspalast
N Römische Kaserne
O Prätorium
P Wohnhäuser

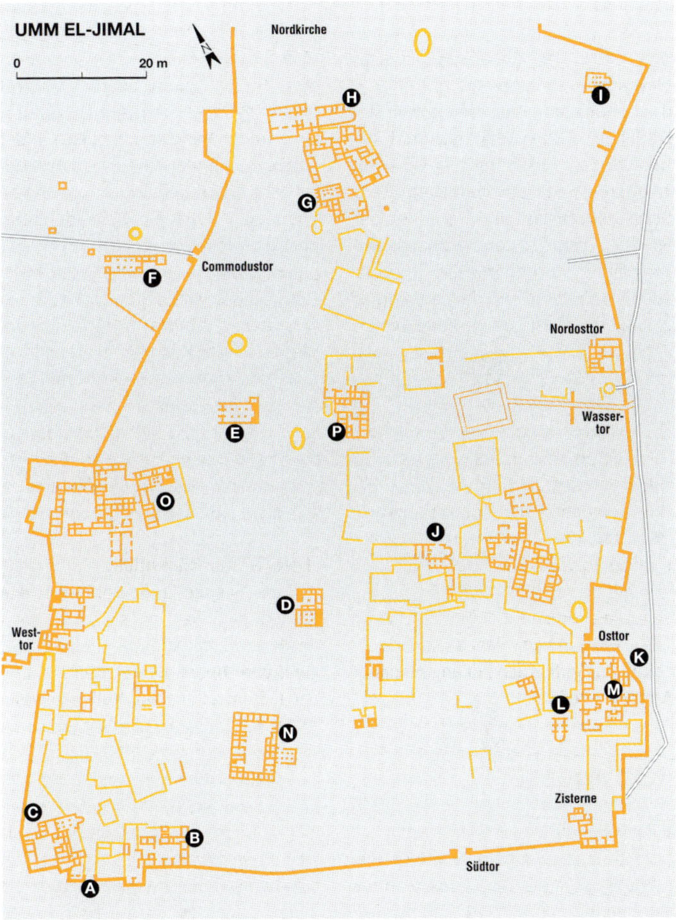

UMM EL-JIMAL

0   20 m

Nordkirche

H

I

G

Commodustor

F

Nordosttor

Wasser-
tor

E   **P**

O

J

D

West-
tor

Osttor

K

M

L

N

Zisterne

C

B

A

Südtor

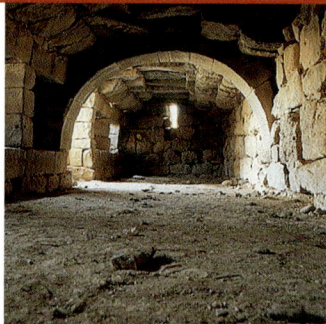

Im Gewölbe der Karawanserei von Umm el-Jimal

insgesamt fünfzehn Kirchen, sondern auch deren Türen aus dem sehr widerstandsfähigen Material hergestellt; weshalb noch heute, eineinhalb Jahrtausende später, eine beträchtliche Zahl von Gebäuden steht.

Die Bauwerke

Mit der Grandezza der Zentren der Dekapolis – Gadara, Jerash oder Philadelphia – kann sich Umm el-Jimal freilich nicht messen. Es war nie mehr als ein mittelständischer Markt und Handelsknotenpunkt. Dennoch haben sich interessante Bauwerke erhalten: Die Besichtigung beginnt man am besten beim südwestlichen der insgesamt sieben **Tore** **Ⓐ**, mit denen die Römer ihre im 2. Jh. erbaute Stadtmauer ver-

sahen. Gleich rechts stehen mehrere gut erhaltene **Wohnhäuser** **Ⓑ**. Links eröffnet die **Südwestkirche** **Ⓒ** den Reigen mehr oder weniger erhaltener Kirchenruinen. Er setzt sich fort in der **Numerianoskirche** **Ⓓ**, der 557 erbauten **Kathedrale** **Ⓔ**, der **West-** **Ⓕ**, der nach ihrem Schöpfer benannten **Claudius-** **Ⓖ**, der **Julianus-** **Ⓗ**, **Nordost-** **Ⓘ**, **Doppel-** **Ⓙ** und **Masechoskirche** **Ⓚ** und endet an der **Südostkirche** **Ⓛ**. An Letztere grenzt der so genannte **Gouverneurspalast** **Ⓜ**.

Weitere wichtige Profanbauten sind die ursprünglich römische **Kaserne** **Ⓝ**, die in byzantinischer Zeit in ein Kloster umgewandelt wurde, das **Prätorium** **Ⓞ**, in dem vermutlich der Befehlshaber über die hier stationierten Truppen residierte, und die Gruppe von **Wohnhäusern** **Ⓟ**, wo man besonders schön die beim Bau von Dächern aus langen, flachen Basaltsteinen angewandte Kragsteintechnik erkennt.

⭐ ***Jerash **Ⓠ**

Rund 25 km westlich von Rihab gelangt man zum Höhepunkt dieser Rundfahrt, den Ruinen von Jerash, dem antiken Gerasa. Eingebettet in die Hügel von Gilead liegt das »Pom-

---

Weitere Ruinenstätten

Archäologisch Interessierten seien noch ein paar Möglichkeiten für zum Teil recht abenteuerliche Abstecher zu Ruinenstätten ans Herz gelegt: nach **Zerakhon,** einer riesigen, erst unlängst freigelegten Stadt aus der Bronzezeit (20 Autominuten nördl. von Irbid); nach **Umm as-Surab,** einem von der Sergius-und-Bacchus-Kirche samt mächtigem Kloster dominierten Ruinenfeld (30 Automin. nordwestlich von Umm el-Jimal); nach **Umm al-Quttein,** dem spärlichen Rest eines spätantiken Dorfes (sehr entlegen, knapp 30 km östl. von Umm el-Jimal); nach **Rihab** mit seiner mit Mosaiken ausgestalteten Basilika des hl. Menas (15 Automin. westl. von Mafraq).

peji des Ostens«, wie die spätantike Provinzstadt oft genannt wird. Auch wenn seine landschaftliche Umgebung nicht so spektakulär wie in Petra oder im syrischen Palmyra ist – dank der grandiosen Kolonnadenstraße, zwei Tempeln, drei Theatern und etlichen Kirchen zählt Jerash zu den Top-Sehenswürdigkeiten der Region.

Gründung

Die Stelle am Westufer des Chrysorhoas, eines kleinen Nebenflusses des Zarqa, war – jungsteinzeitliche Werkzeuge und Tonscherben belegen dies – bereits um 6000 v. Chr. bewohnt. Historische Bedeutung bekam die Siedlung aber erst in den letzten Jahrhunderten vor der Zeitenwende.

Bis heute ist noch nicht ganz geklärt, ob ihre Gründer die Seleukiden (im 4. Jh. v. Chr.), die Ptolemäer oder gar Nachfahren der Legion Alexanders des Großen (beide 2. Jh.) waren. Fest steht, dass, laut einer Grabinschrift in Petra, die frühe arabisch-semitische Siedlung den Namen *Garshu* trug, die hellenistische Neugründung Antiochia Chrysorhoas, »Antiochien am goldenen Bach«, hieß und erst die Römer auf die vorklassische Tradition zurückgriffen und die Stadt *Gerasa* tauften. Fest steht auch, dass der Aufstieg des Ortes erst 63 v. Chr. begann.

Aufschwung und Niedergang

In jenem Jahr eroberte Pompeius Palästina. Jerash, das heutige Gerasa, wurde Mitglied der Dekapolis und in der Folge als Umschlagplatz nabatäischer Kaufleute, aber auch dank der florierenden Landwirtschaft und der Erzvorkommen in seiner Umgebung reicher und reicher. Bald schlug sich der wirtschaftliche Erfolg auch architektonisch nieder: Fast alle Gebäude wurden geschleift und gemäß römischem Stadtplan neu errichtet.

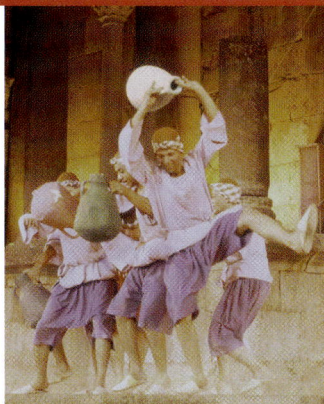

Folkloretanzgruppe beim Jerash Festival

Seinen wirtschaftlichen und städtebaulichen Höhepunkt erreichte Gerasa im 2. Jh. Nachdem Kaiser Trajan das Erbe der Nabatäer angetreten und das Jordanland zur Provincia Arabia gemacht hatte, brach ein goldenes Zeitalter an. In einem zweiten Erneue-

Jerash Festival

Wer Mitte Juli durch Jordanien reist, sollte sich auf keinen Fall das Jerash Festival entgehen lassen. In einer lauen Sommernacht in dem römischen Amphitheater einem Konzert zu lauschen, eine Theater- oder Folkloreaufführung zu erleben, ist unvergesslich. Das Programm umfasst Beiträge vieler Nationen, Kulturen und Kunstgenres – Ballett, Oper, Konzerte klassischer Orchester und arabischer Sänger, aber auch Zirkus, Kabarett und Folkloretanz. In den bei Nacht festlich illuminierten Säulenstraßen wird die Kunsthandwerkstradition präsentiert. Infos: Tel. (06) 567 51 99, www.jerashfestival.com.jo.

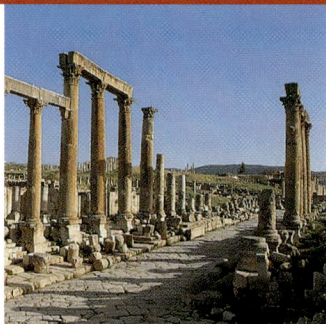

Die Kolonnaden des Cardo Maximus

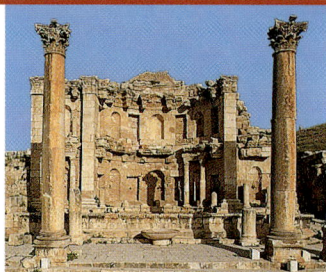

Die stattlichen Reste des Nymphäums, des einstigen Prachtbrunnens von Gerasa

rungsschub, anlässlich des Besuchs von Kaiser Hadrian, vergrößerte man Artemis- und Zeustempel und ersetzte ionische Säulen durch korinthische.

Mit dem Niedergang des Römischen Reichs und der Verlagerung des Ferntransports von den Karawanen- auf die Meeresrouten setzte für Gerasa der langsame, aber unaufhaltsame Abstieg ein. Ein letztes Mal erlebte es unter Kaiser Justinian (527–565) eine Blüte; sichtbarster Ausdruck war der Bau von rund einem Dutzend Kirchen, für die leider alte Tempel als Steinbrüche dienten. 614 eroberten die Sassaniden und 636 die Araberheere die Stadt. Das Ende besiegelte 746 ein Erdbeben. Mit Ausnahme einer kurzen Besatzung durch die Kreuzfahrer unter Balduin II. (1120) blieb Gerasa entvölkert. Wind und Wasser begruben es im Lauf der Zeit unter der Erde.

Erst 1806 entdeckte der Orientforscher Ulrich Jasper Seetzen die vergessene Ruhmesstätte wieder. Mit systematischen Ausgrabungen begannen vorwiegend die Briten in den späten 1920er-Jahren.

Triumphbogen, Südtor, Forum

Die Besichtigung beginnt üblicherweise bei dem ursprünglich über 20 m und heute noch gewaltige 12 m hohen, 25 m breiten **Triumphbogen 🅐**, der 129 zu Ehren Kaiser Hadrians er-

baut wurde. Rechts an den Resten des Hippodroms vorbei erreicht man das **Südtor 🅑** und damit den offiziellen Eingang in die ummauerte Stadt.

Der Weg führt direkt auf das **Forum 🅒** zu. Seine für klassische Stadtanlagen ungewöhnliche ovale Form ist durch ein städtebauliches Problem bedingt: die Ost-West- und die Nord-Süd-Achse mussten harmonisch verbunden werden. Die eindrucksvolle Platzanlage ist mit teilweise rekonstruierten ionischen Säulen eingefasst, was auf eine Entstehung im frühen 1. Jh. schließen lässt.

⭐ Von März bis Oktober werden im Hippodrom **Wagenrennen** und **Gladiatorenkämpfe** nach altrömischer Art veranstaltet. Die ca. einstündigen Shows starten Sa–Do jeweils um 11 und 14, Fr nur 11 Uhr. Tel. (02) 634 24 71, keine Reservierung nötig.

**Cardo Maximus 🅓

Von Forum aus zieht sich, 600 m weit und von rund 260 Säulen gesäumt, bis zum Nordtor der Cardo Maximus. Das Pflaster ist noch immer das original antike und die Fahrrinnen der Wagenräder sind gut zu erkennen. Die Kolonnaden waren einst zugleich Aquädukte, über die Frischwasser in die Häuser geleitet wurde. Kurz nach dem ehemaligen Spezialitätenmarkt für

Fleisch und Fisch, dem **Macellum** ➊ und dem **Museum** ➊ stößt man an der ersten Kreuzung auf die Reste eines **Tetrapylon** ➊, eines ursprünglich vierseitigen Torbaus. Die Querstraße, der Decumanus, ist ebenfalls mit Kolonnaden geschmückt. Folgt man dem Cardo, passiert man links erst die sog. **Kathedrale** ➊ aus dem 4. Jh., dann das ***Nymphäum** ➊, den einstigen zweistöckigen Prachtbrunnen der Stadt (191 n. Chr.). Kurz danach, an der **Viaduktkirche** ➊, steigt eine Treppe zu den Resten einer geweihten Straße empor. Sie führte einst über eine Brücke in den jenseits des Flusses Chrysorhoas gelegenen östlichen Stadtbezirk, über dem sich heute das moderne Jerash erhebt.

Weiter nordwärts erreicht man das nördliche Gegenstück zu dem schon erwähnten Süd-Tetrapylon, den **Nord-**

➊ Triumphbogen
➊ Südtor
➊ Forum
➊ Cardo Maximus
➊ Macellum
➊ Museum
➊ Tetrapylon
➊ Kathedrale
➊ Nymphäum
➊ Viaduktkirche
➊ Nord-Tetrapylon
➊ Westbäder
➊ Ostbäder
➊ Nordtheater
➊ Artemistempel
➊ Drei-Kirchen-Komplex
➊ Synagogenkirche
➊ Genesiuskirche
➊ Peter-und-Paul-Kirche
➊ Theodoruskirche
➊ Zeustempel
➊ Südtheater

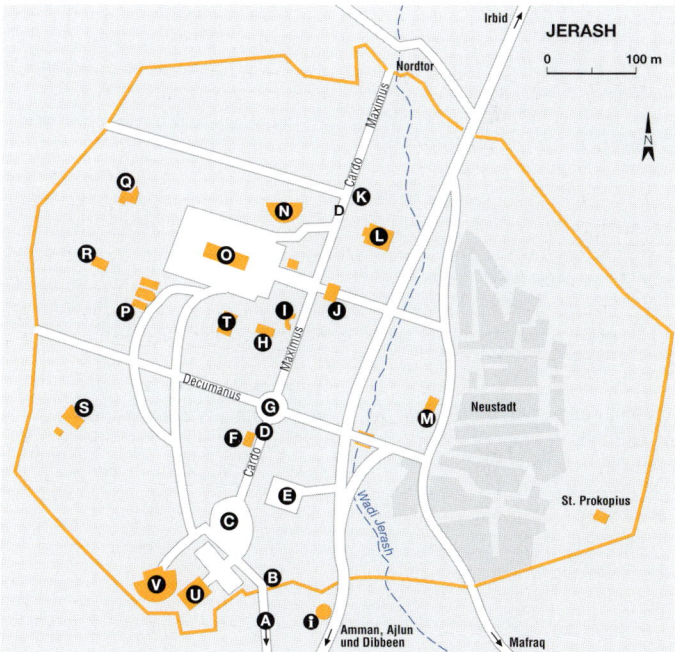

JERASH

1

Karte
Seite
61

Tetrapylon **🅚**. Ihm benachbart sind die **Westbäder 🅛**, nicht zu verwechseln mit den weitgehend zerstörten **Ostbädern 🅜** nahe der Neustadt.

Westlich des Cardo Maximus

Nach der Besichtigung des Nordtores und der jenseits der Stadtmauer gelegenen Zisternen, die Gerasa einst mit Wasser versorgten, wandert man den Cardo zurück, zweigt kurz nach dem Nord-Tetrapylon nach rechts ab und erreicht, am **Nordtheater 🅝** vorbei, das größte Heiligtum der Stadt, den ****Artemistempel 🅞**. 161 m lang und 120 m breit, das sind seine wahrlich gigantischen Ausmaße. Ursprünglich war der Tempel an drei Seiten von 13,5 m hohen korinthischen Säulen eingefasst. Eine Reihe an der Vorderfront hat Erdbeben und Katastrophen getrotzt. Das Innerste des Weihebezirks, die Cella, ist ebenfalls von beachtlicher Größe. 40 mal 22,5 m misst die Plattform, die sich 4,5 m über das Niveau der Säulenhalle erhebt.

Westlich davon liegt der zwischen 529 und 533 den Heiligen Cosmas und Damian, Georg und Johannes dem Täufer geweihte **Drei-Kirchen-Komplex 🅟**: die deutlich ältere, 530 in ein jüdisches Bethaus umgewandelte **Synagogenkirche 🅠** sowie die **Genesius- 🅡**, die **Peter-und-Paul- 🅢** und schließlich die **Theodoruskirche 🅣**.

Zeustempel und Südtheater

Bevor man wieder zum Ausgangspunkt, dem Südtor, gelangt, sollte man vom Forum noch nach rechts zum **Zeustempels 🅤** hochsteigen. Unmittelbar daneben verdient das vier- bis fünftausend Zuschauer fassende **Südtheater 🅥** nähere Beachtung.

🍴 Gute Restaurants sind rar in Jerash. Das **Lebanese House** liegt etwas außerhalb, südlich der

Stadt. Exzellente Mezze, Blick ins Grüne, Tel. (07) 730 46 45, ◦◦.

Öffnungszeiten: Büro für Eintrittskarten: tgl. 7.30 bis Sonnenuntergang; angeschlossen ist das Büro der Touristenpolizei, Tel. (02) 635 06 70; Visitor's Center, tgl. 8–19, Winter bis 17 Uhr, Tel. (02) 635 12 72.

Dibbeen-Nationalpark und Ajlun

Ein Abstecher führt gleich hinter Jerashs Triumphbogen westwärts durch den **Dibbeen-Nationalpark,** dessen Wälder eine Vorstellung davon vermitteln, wie grün noch vor hundert Jahren weite Teile Jordaniens aussahen.

Das eigentliche Ziel ist erst nach rund 25 km erreicht: **Ajlun 🅱** mit seiner Burgruine ***Qala'at er-Rabat**. Sie wurde um 1185 von Izz ad-Din Usama, einem Verwandten Saladins, als Bollwerk gegen die Kreuzritter und zum Schutz der Mekkapilger angelegt und unter den Mamelucken beträchtlich erweitert. Geöffnet April–Okt. tgl. 8 bis 19, sonst bis 17 Uhr.

⭐ Ein wunderbares Naturerlebnis verspricht der Aufenthalt im **Nationalpark (Woodland Reserve) Ajlun**. Auf erfrischend kühlen 1200 m Seehöhe gelegen, laden zwei markierte Wege (1–2 bzw. 4–5 Std.) zur botanischen – auf Wunsch geführten – Rundwanderung ein. Von April bis Oktober kann man in Zelten aus wetterfester Jute übernachten. Anmeldung erbeten unter Tel. (02) 647 56 72, Fax 647 56 73, oder direkt bei der RSCN in Amman, Tel. (06) 461 65 23.

Wieder auf der Hauptstraße Damaskus–Amman erreicht man nach ca. 40 Minuten die Hauptstadt.

Tour 2

Zu den Lustpaläs-ten der Kalifen

**Amman → *Qasr al-Hallabat →
**Oase Azraq → *Qasr al-Mushatta
→ Amman**

Die Fahrt von Amman in Richtung
Osten führt in eine steinige Ein-
öde von geringem landschaftlichen
Reiz. Dank jener berühmten Lust-
paläste, die sich die Kalifen in früh-
islamischer Zeit hier mitten in
die Wüste bauten, gilt sie trotzdem
zu Recht als unbedingtes Muss
einer jeden Jordanien-Tour. Außerdem lohnt sich ein Besuch im Wildtierreservat von Shaumari nahe
Azraq, das eine Vorstellung vermittelt, welch reiche Fauna und Flora
in dieser Region einst beheimatet
war. Die »Schlösser-Schleife«
misst ohne den Umweg nach Qasr
et-Tuba ca. 220 km und ist auf den
exzellenten Asphaltstraßen
bequem in einem Tag abzufahren.
Dabei eingerechnet sind einzelne
Abstecher über staubige Pisten, die
das Abenteuer einer echten Wüsten-
fahrt erahnen lassen.

Omaijadische Wüstenschlösser

Unter diesem Sammelbegriff sind die
über die steinige Ebene Nordostjorda-
niens verstreuten Prunkbauten in die
Kunstgeschichte eingegangen, zu
denen diese Rundreise führt. Schon
die Römer hatten in dieser entlegenen
Gegend zum Schutz ihrer Provincia
Arabia eine Kette von Kastellen errichtet. Auch Karawansereien und Klöster
waren hier bereits lange vor dem Auf-
kommen des Islam entstanden. Doch
in ihrer heutigen Form gehen die größ-
tenteils erstaunlich gut erhaltenen
Wüstenschlösser auf das späte 7. und
frühe 8. Jh. zurück. Ihre Bauherren
waren die Omaijaden – die in Damaskus residierende erste arabische
Kalifendynastie.

2

Karte
Seite
67

*Qasr al-Hallabat ⑭ und Hammam as-Sarakh

Verlässt man Amman auf der Autobahn Richtung Nordosten und biegt
ca. 15 km nach Zarqa links auf die
Straße Richtung Irbid und wenig später rechts auf eine Seitenstraße ab, so
steht Qasr al-Hallabat auf einer Anhöhe geradewegs vor einem.

Diese Ruine war ursprünglich ein
römisches Kastell auf quadratischem
Grundriss. Zur Zeit Trajans oder Hadrians (um 117 n. Chr.) teils aus dunklem
Basalt, teils aus hellerem Kalkstein
(im Jahr 212) erbaut und später zweimal erweitert, diente das Kastell dazu,
die Grenze gegen die Parther zu ver-
teidigen. Kurze Zeit war es von christlichen Mönchen bevölkert. Nach der
Invasion der Perser wurde es dann
verlassen und durch die Omaijaden
zwischen 709 und 743 schließlich in
ein Schloss umgebaut. Die angrenzende Moscheeruine stammt ebenfalls
aus dieser Zeit.

Nur 2 km weiter östlich liegt an
einer asphaltierten Straße das Bade-
schlösschen **Hammam as-Sarakh.** Es
ist Teil eines nur noch in Resten erhaltenen Komplexes aus Kalkstein und
wurde komplett rekonstruiert. Gut erkennbar sind noch die Kanäle und
Röhren für Heißwasser und Dampf,
das Warmwasserbad sowie der Ab-
kühlraum.

5 **Oase Azraq ⑮

Folgt man der Hauptstraße Richtung Bagdad, erreicht man nach gut 50 km die Oase Azraq, in der die Sandwüste des Wadi Sirhan auf die basaltenen Ödflächen des Nordostens trifft. Hier kreuzen sich seit alters die Karawanenrouten von und nach Saudi-Arabien, Irak und Syrien beziehungsweise zur Mittelmeerküste. In jüngerer Vergangenheit, während der Zeiten des Krieges gegen den Iran und des Embargos, diente die Strecke im Irak als wichtige Lebensader. Entlang der Straße besorgten schier endlose LKW-Konvois, von Aqaba kommend, im Transitverkehr den Nachschub für das Land.

Azraq empfanden unzählige Generationen von Beduinen als irdisches Paradies. An den selten gewordenen Lagerfeuern bekommt man noch heute begeistert erzählt, welch Labsal die vielen Quellen nach endlosen Wüstenmärschen, auf denen man nur vom trüben Brackwasser aus Brunnen gelebt hatte, boten.

Im Herzen der Oase erhebt sich unweit des mehrheitlich von Drusen bewohnten Nordteils der Stadt (im Südteil leben vorwiegend Tscherkessen) die mächtige, aus Lavagestein erbaute und deshalb pechschwarze Burg **Qasr Azraq**. Ihr Vorgängerbau stammte aus der Zeit des Septimius Severus. Im 8. Jh. wandelten die Omaijaden das Kastell in ein Schloss um. 500 Jahre später setzte ein ajjubidischer Statthalter namens Izz ad-Din Aybak die mittlerweile verfallene Festung wieder instand, um sie im Kampf gegen die »Franken« zu nutzen.

Der letzte militärische Gast auf Azraq war Lawrence von Arabien. Er verbrachte in dem Raum über dem Haupttor erbärmlich frierend jenen Winter von 1917 auf 1918, in dem er

sich und seine Beduinen für den geplanten Sturm auf Damaskus rüstete, der dann erfolgreich war.

Azraq Wetlands Reserve
In dem südlich von Azraq gelegenen, Ende der 1970er-Jahre gegründeten Schutzgebiet Azraq Wetlands Reserve finden Besucher noch Wasserstellen, in denen es von Fischen wimmelt und an deren schilfbestandenen Ufern wilde Pferde weiden. Doch von den rund 300 Vogelarten, die man hier noch vor einer Generation beobachten konnte, sind 95 % bereits zum nahen See Genezareth abgewandert.

Shaumari Wildlife Reserve
Wie vielfältig die Fauna rund um Azraq einst gewesen sein muss, veranschaulicht ein Besuch im Shaumari-Tierreservat. Das 15 km südlich von Azraq gelegene Schutzgebiet wurde 1975 von der Royal Society for the Conservation of Nature (RSCN) eröffnet, um in Jordanien ausgestorbene oder bedrohte Arten nachzuzüchten. Die Erfolge sind beachtlich: In dem 22 km² großen Gehege tummeln sich Gazellen, Strauße, Wildesel und, als besonderer Stolz der Verantwortlichen, eine Herde Oryx – mächtige Antilopen mit hellem Fell, dunkler Zeichnung und langem Stangengehörn, die in Jordanien so gut wie ausgerottet waren (tgl. 8–19, Winter bis 15.30 Uhr).

Unvergesslich wird der Aufenthalt im Reservat, wenn man in dem örtlichen, gut ausgestatteten **Zeltcamp** übernachtet. Von hier starten unter kundiger Führung mehrstündige Oryx- bzw. Nacht-Safaris (Re-

Qasr Azraq: Der drusische Führer erwartet seine Gäste an der schweren Steindrehtür

servierung für Zeltplätze und Safari-Teilnahme über die RSCN, s. S. 38). Der nahegelegene 10 m hohe Turm erleichtert die Tierbeobachtung. Die Ranger verleihen Ferngläser.

Al-Sayad (Hunter Hotel), P.O. Box, Azraq, Tel. (05) 383 40 94, Fax 464 49 88. Das erheiternd-kitschige Hotel liegt umgeben von Olivenbäumen auf einem Hügel nahe dem Stadtzentrum. OO

▮ **Azraq Resthouse,** Tel, (05) 383 40 06, Fax 383 52 15. Schöne Bungalowanlage mit Schwimmbad, 2 km außerhalb des Zentrums. OO

Shallatat al-Montazah, Azraq. In die erste Straße nach der Burg rechts einbiegen und bis zum ersten rechts abzweigenden Weg fahren. Dort erwartet Sie ein malerisches Gartenrestaurant, in dem es

Oryxantilopen im Shaumari Wildlife Reserve

sich zwischen Oleander und Palmen herrlich schmausen lässt. OO

▮ **Azraq Resthouse.** Kleine, aber gute Speiseauswahl. O

***Qusair Amra ⑯

Auf dem von Azraq über eine Asphaltstraße in südlichem Bogen führenden Rückweg nach Amman erreicht man nach etwa 35 km dieses weitere Wüstenschloss. Die wohl reizendste aller omaijadischen Residenzen (UNESCO-Welterbe) entdeckte 1898 der österreichische Arabist Alois Musil.

Qusair Amra ist das Relikt eines viel größeren Gebäudekomplexes, der wahrscheinlich auch eine Festung und Wohnanlagen umfasste und als Herberge für Karawanen auf dem Weg ins Wadi Sirhan diente. Heute nimmt man an, dass Kalif Walid I. das »Palästchen« (von Qasr, arab. für »Palast«) wie man es liebevoll nennt, zwischen 705 und 715 errichten ließ.

Seine überragende kunsthistorische Bedeutung verdankt es jenen Fresken – Bildern von Jagdszenen, Liebespaaren, Musikanten, halbnackten Tänzerinnen und auch Handwerkern –, mit denen ein Großteil seines Inneren bedeckt war und teilweise noch ist. Besonders eindrucksvoll sind, neben dem

---

Wasserprobleme

Mittlerweile ist das Ökosystem der Oase von Azraq akut bedroht. Das Wasser, das in Überfluss auf unterirdischem Weg aus dem Gebiet des Dschebel el-Druz in Südsyrien zusickert, wird in immer größeren Mengen nach Amman abgepumpt. Und der Durst der Hauptstadt wächst beständig. In den 1960ern bedeckten die Sümpfe und Tümpel noch über 10 km². Sie dienten riesigen Schwärmen von Zugvögeln als Zwischenstation auf ihrem Weg von Asien nach Afrika und zurück. Inzwischen sind die Flächen dramatisch geschrumpft. Dennoch werden nach wie vor große Felder mit Obst und Gemüse bebaut.

Karte Seite 67

Porträt des Kalifen im reich ausgestalteten Thronsaal, die Darstellungen in der Audienzhalle. Deren Westwand wird vom Bild der großen, von ihrem Hofstaat neugierig beobachteten Badenden dominiert. Daran anschließend sind sechs Herrscher zu sehen, darunter Cäsar (als Personifizierung des byzantinischen Reiches), Roderich, der letzte König der Westgoten, der letzte Sassanidenherrscher Chosrau und Negus, der König von Äthiopien. Alois Musil meinte noch, sie symbolisierten die überwundenen Gegner des Islam. Inzwischen haben Orientalisten festgestellt, dass jene »Familie der Könige« gemeint ist, der sich auch Walid zugehörig empfand (Sommer 7–19.30, Winter 8–16.30 Uhr; Eintritt frei).

*Qasr al-Kharana ⓱

Der nächste Halt ist nach 16 km einzulegen. Dort thront links der Straße inmitten einer baumlosen Senke die

Fresken in Qusair Amra

2

Karte
Seite
67

auch Qasr Hraneh genannte Festung. Sie misst bloß 350 m², wirkt aber dennoch ungemein wuchtig und kompakt, da die Außenmauern nur über schmale Lichtschlitze verfügen. Zudem sind die vier Ecken von kreisrunden und die Längsfronten von halbrunden Türmen verstärkt.

Die zwei Stockwerke sind in ihrem Inneren räumlich ähnlich gegliedert. Das untere diente einst teilweise als Stallung – hier sind noch die Reste von Olivenpressen und Feuerstellen er-

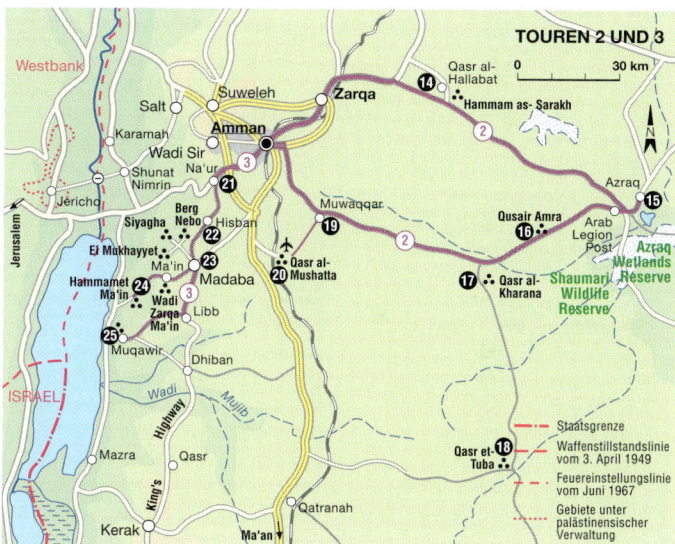

kennbar –, das äußerst reich und vielfältig dekorierte obere als Wohnraum. Vom Dach genießt man einen großartigen Blick auf die Wüste.

Die Entstehung von Qasr al-Kharana liegt im Dunkeln. Eine Inschrift im Obergeschoss auf kufisch – so wird der früharabische, in Kufa (Irak) entstandene Schriftduktus genannt – beweist, dass es bereits 711 existierte. Die in den Stein des Hauptportals gravierten griechischen Inschriften hingegen legen die Deutung nahe, dass an derselben Stelle schon in römischer oder byzantinischer Zeit ein Vorgängerbau stand. Populär ist aber auch die Erklärung, das Gebäude habe einst als eine der ersten islamischen Karawansereien gedient. Fest steht nur, dass der Bau von den Omaijaden genutzt worden ist.

Abstecher: *Qasr et-Tuba ⓲

Von Qasr al-Kharana kann man auf einer mit Steinen gespickten, 50 km langen Piste nach Süden ein weiteres

Ein wuchtiges Bollwerk: die Festung Qasr al-Kharana

Omaijadenschloss ansteuern – Qasr et-Tuba. Voraussetzung für die holprige Fahrt sind ein stabiler Geländewagen sowie einige Erfahrung im Umgang mit Karte und Kompass oder aber ein ortskundiger Führer (Alternativrouten von Azraq oder Qatrana am Desert Highway).

Qasr et-Tuba – der Bau wurde kurz nach 740 von Walid II. begonnen –

Luxus pur

Welchem Zweck die Wüstenschlösser dienten, darüber sind sich die Experten bis heute nicht einig. Eine These besagt, sie seien Stein gewordener Ausdruck der Sehnsucht nach der Unendlichkeit der Wüste. Eine andere These nennt die Seuchengefahr in den Städten als Grund, sich in menschenleere Regionen zurückzuziehen. Plausibel ist auch die These, das lockere Verhältnis der Omaijaden zu Wein, Weib und Gesang hätte die Korangelehrten in der Stadt provoziert. Vielleicht haben auch jene Recht,

die behaupten, die Schlösser seien Zentren großer Landgüter gewesen oder hätten als Orte einer »rotierenden Hofhaltung« der Kontrolle jener Nomadenstämme gedient, auf deren Loyalität die Macht der Kalifen basierte.

Wie auch immer – Tatsache ist, dass die Omaijaden auf ihren Landsitzen das beduinische Vergnügen der Pferdezucht und der Jagd in der Wüste mit einem höfisch-dekadenten Luxusleben aufs Angenehmste verknüpften.

Qasr al-Mushatta fasziniert auch durch seine Stuckornamente

zählt mit 140 x 73 m zu den größten Wüstenschlössern der Omaijaden. Bei Zeitnot kann auf die Besichtigung verzichtet werden (auch wenn die Anfahrt selbst schon ein Erlebnis ist), da das Schloss unvollendet blieb und die Dekorstücke im Lauf der Zeit entfernt wurden.

Muwaqqar ⑲

Auf der Hauptroute von Azraq nach Amman gelangt man zu diesem 35 km von Qasr al-Kharana entfernt liegenden Ort. Den archäologischen Spurensucher erwartet ein Wasserreservoir aus römischer Zeit und der spärliche Rest eines omaijadischen Wüstenschlosses mit einer kufischen Inschrift aus dem frühen 8. Jh.

*Qasr al-Mushatta ⑳

Die letzte Etappe der »Schlösser-Schleife« führt noch 13 km auf einer Wüstenpiste südwestwärts zu dem ursprünglich größten und am kostbarsten verzierten Omaijadenschloss auf dem Gebiet des heutigen Jordanien. Es grenzt unmittelbar an das Gelände von Ammans internationalem Flughafen, ist eingezäunt und von Militär bewacht.

Die Seitenlänge der quadratischen Anlage misst gewaltige 144 m. Nicht minder eindrucksvoll war ihr Außendekor – wohlgemerkt »war«, denn im Jahr 1903 machte der osmanische Sultan Abdul Hamid seinem deutschen Freund Kaiser Wilhelm II einen Großteil der berühmten Südfassade zum großzügigen Geschenk. Seither schmücken nur noch einzelne Bruchstücke von Stuckornamenten das Eingangstor vor Ort. Sein zentraler Part, jenes Hauptwerk der frühislamischen Steinmetzkunst, dessen figürliche Motive nicht nur Wissenschaftler faszinieren, ist heute in der Islamischen Abteilung im Berliner Pergamonmuseum zu bewundern.

Für den Rückweg in die Hauptstadt bietet sich die gut ausgebaute Flughafenautobahn an (Fahrzeit: ca. 20 Min.).

Auf den Spuren der Bibel

Amman → Hisban → **Madaba → Amman

Wo Herodes auf Kur ging, Johannes der Täufer seinen Kopf verlor und Moses erstmals das Gelobte Land erblickte und wenig später starb ... Auf dieser Tour wandeln Sie wahrlich auf biblischen Spuren. Hisban, Berg Nebo und Machärus, das heutige Muqawir, sind nur einige der mythischen Orte entlang dieser (einschließlich der Abstecher und der Rundfahrt um den Berg Nebo) rund 170 km langen Tour. Ebenfalls auf dem Besichtigungsprogramm stehen die frühchristlichen Ruinen von Siyagha und El-Mukhayyet sowie die weltberühmten Mosaiken von Madaba.

Als Zugabe tauchen Sie in eine spektakuläre Wüstenlandschaft und in die heißen Thermalquellen von Hammamet Ma'in ein. Erforderlicher Zeitrahmen: ein Tag, der allerdings sehr zeitig beginnen sollte.

Na'ur ㉑

Verlässt man die Hauptstadt Richtung Süden auf der Zahran Street und fährt über den Dschebel Amman, ist nach knapp 20 km Na'ur erreicht. In der unmittelbarer Umgebung des Ortes hat man bei Grabungen Reste mehrerer Rundtürme, die aus der Eisenzeit stammen, nachgewiesen. Der heutige Ort wurde erst 1878 wieder gegrün-

det, und zwar von Tscherkessen, Angehörigen jener muslimischen Volksgruppe aus dem östlichen Kaukasus, die in den Siebzigerjahren des 19. Jhs. auf der Suche nach besseren Lebensbedingungen zu Zehntausenden in Vorderasien eingewanderten.

Hisban ㉒

Von Na'ur aus hat man erstmals einen schönen Panoramablick hinab auf das Jordantal. Von hier führt die Straße der Könige, der King's Highway, durch hügeliges und fruchtbares Ackerland nach Hisban, dem biblischen Heschbon. »Dein Hals ist wie ein Turm von Elfenbein ... deine Augen sind wie die Teiche zu Hesbon«, schwärmte schon Salomo im Hohen Lied von Hisban.

Amerikanische Archäologen entdeckten in Hisban eine 220 000 Liter fassende, beinah 3000 Jahre alte Zisterne. Dass der Ort auch unter römischer, byzantinischer und selbst noch unter mamelukischer Herrschaft blühte, beweisen die Ausgrabungen diverser Wachttürme, Wohnhäuser und Grüften aus jenen Epochen sowie zweier Basiliken mit ihren schönen Mosaiken.

Nachdem Hisban fast 500 Jahre unbesiedelt gewesen war, ließen sich erst vor einigen Jahrzehnten Beduinen wieder hier nieder.

⭐ **Madaba ㉓

Auf eine nicht minder überaus bewegte Vergangenheit blickt der 10 km weiter südlich gelegene alte Handelsstützpunkt an der berühmten Königsstraße zurück: Wie auch Hisban ging Madaba von den Moabitern in die Hände der Amoriter und schließlich der Israeliten über.

Ganz aus Mosaiksteinen: Die Palästina-Karte bedeckt eine Fläche von 15,5 x 6 m

Laden im Zentrum von Madaba

3
Karte
Seite
67

Einen ersten wirklichen Aufschwung erlebte Madaba unter den Römern. Damals genoss es ähnlich große Bedeutung wie Gerasa/Jerash, Philadelphia/Amman und Pella. Aus dieser Blütezeit blieben allerdings nur eine Zisterne und ein paar verstreute Säulen- und Tempelreste erhalten.

Weitaus eindrucksvoller sind die Zeugnisse aus der byzantinischen Epoche: Unter Justinian entstanden im 6. Jh. in der überaus wohlhabenden Christengemeinde vierzehn Kirchen (so der derzeitige Grabungsstand). Madaba bildete ein Zentrum der damals florierenden Mosaikkunst und betrieb sogar eine eigene Schule. Inspiriert von Musterbüchern, die im ganzen östlichen Mittelmeerraum zirkulierten, schmückte man mittels der verschiedenfarbigen, in der nahen Umgebung gebrochenen so genannten Tesserae-Steinchen die Fußböden von Basiliken und Wohnresidenzen.

Nachdem die Perserheere (614) und ein Erdbeben (746) die Stadt heimgesucht hatten, sank sie für über tausend Jahre in einen Dornröschenschlaf, aus dem sie erst gegen Ende des 19. Jhs. »wachgeküsst« wurde.

Rund 2000 Christen aus Kerak erkoren den Siedlungshügel zu ihrer neuen Heimat und stießen beim Ausheben der Fundamente für ihre Häuser auf erste verschüttete Mosaike. Davon angelockt, legten Archäologen seit dem Jahr 1897 weitere Mosaiken frei; Madaba ist seit dieser Zeit in aller Welt berühmt als »Stadt der Mosaike«.

Palästina-Karte

Hauptattraktion des heutigen Madaba, dessen Labyrinth aus engen Gässchen ein wenig das Flair eines europäischen mittelalterlichen Dorfes

Mosaikkunst

Heute ist Madaba geradezu ein Synonym für antike Mosaikenkunst. Nicht zufällig hat 1993 das jordanische Ministerium für Tourismus und Altertümer gerade in diesem 40 000-Seelen-Ort gemeinsam mit dem italienischen Mosaik-Institut aus Ravenna eine Schule ins Leben gerufen, in der Studenten die Kunst des Restaurierens erlernen und zugleich nach weiteren Mosaiken graben.

Keffiyeh heißt die traditionelle Kopfbedeckung des Mannes

3
**Karte
Seite
67**

verströmt, ist die so genannte Palästina-Karte. Sie befindet sich in der griechisch-orthodoxen, an ihrem offenen Turm mit vier Glocken erkennbaren St.-Georgs-Kirche (unweit der nördlichen Ortseinfahrt schräg gegenüber dem Resthouse gelegen; tgl. 8–18, Fr ab 9, So ab 10.30 Uhr).

Ursprünglich zeigte das aus etwa 2,3 Mio. Steinchen zusammengesetzte Bodenmosaik das gesamte Gebiet vom Nildelta im Süden bis zum Antilibanon im Norden, vom Mittelmeer bis zur Arabischen Wüste östlich der Linie Petra–Amman. Es sollte einer Theorie zufolge den Pilgern das Heilige Land in etwa aus jener Perspektive präsentieren, aus der es sich einst Moses vom Berg Nebo dargeboten hat.

Beim Bau der gegenwärtigen Kirche – sie wurde 1898 über den Ruinen eines byzantinischen Vorgängerbaus errichtet – wurde das Mosaik schwer beschädigt. Zudem bewirkte die Unsitte der Führer, es mit Wasser zu besprühen, um die Farben zum Leuchten zu bringen, dass sich große Teile aufwölbten und zu bersten drohten. Inzwischen ist die Gefahr gebannt.

Dank der erstaunlich wirklichkeitsnahen Wiedergabe des Jordans und des Toten Meeres, der Mittelmeerküste, der Hügel von Samaria und Judäa sowie der wichtigsten Wadis der Wüste war es möglich, auch jene unter den insgesamt 150 dargestellten Orten zu identifizieren, die nicht mit griechischen Buchstaben bezeichnet sind. Das unübersehbare Zentrum bildet – der altchristlichen Auffassung vom Nabel der Welt gemäß – das heilige Jerusalem.

Stadtmuseum und Apostelkirche

Wer Lust auf weitere Mosaike hat, sollte dem **Stadtmuseum** einen Besuch abstatten. Es liegt etwa 400 m südlich der St.-Georgs-Kirche in einer Sackgasse versteckt und birgt römische Statuen, frühchristliche Keramiken und Gläser, zeitgenössische Trachten, Waffen, Schmuckstücke sowie byzantinische Mosaike aus verschiedenen Häusern der Altstadt (Sa bis Mo, Mi–Do 9–17, Fr und Fei 10 bis 16 Uhr, Tel. (05) 324 40 56).

Sehenswert ist auch das Bodenmosaik der ehemaligen **Apostelkirche.** Man findet es im Südosten der Stadt an der heutigen Ausfallstraße nach Kerak unter einer Art Hangar, der es vor Wind und Wetter schützt.

⭐ Werfen Sie einen Blick in eine der **Teppichwerkstätten** im Ortskern. Die dort hergestellten Stücke sind zwar von recht derber Konsistenz, dafür aber äußerst farbenfroh. Wenn man ein Glas Tee angeboten bekommt, darf man aus Höflichkeit auf keinen Fall ablehnen. Und ein Plausch mit den Webern lohnt sich allemal.

ℹ️ **Tourist Office,** schräg gegenüber der St.-Georgs-Kirche, Palestine Street, tgl. außer Fr 8 bis 17 Uhr, Tel. (05) 325 35 63.

🏠 **Mariam,** Aisha Um Al Mumeneen St., Tel. (05) 325 1529,

In Siyagha sind noch viele Relikte einer byzantinischen Basilika erhalten

Karte
Seite
67

Fax 325 1530, www.mariamhotel.com. Von netter Familie geführtes, gemütliches Hotel mit schönem Pool. Die Besitzerin kocht selbst. ○○

Haret Jdoudna, 100 m südlich der St.-Georgs-Kirche, Tel. (05) 324 86 09, tgl. 9–0.30 Uhr. In einer mustergültig renovierten ehemaligen Karawanserei mit sehr schöner Innenhof (150 Plätze) kann man exzellente traditionelle Küche genießen. ○–○○ Auf dem Gelände befinden sich auch mehrere Handwerksläden.

*Berg Nebo

»Mose stieg aus den Steppen von Moab auf den Berg Nebo, den Gipfel des Pisga gegenüber Jericho … Der Herr sagte zu ihm: Das ist das Land, das ich Abraham, Isaak und Jakob versprochen habe … Hinüberziehen wirst du nicht. Danach starb Mose, der Knecht des Herrn, dort in Moab, wie der Herr bestimmt hatte.« So steht es im Fünften Buch Moses geschrieben. Jener legendenumwobene Berg liegt wenige Kilometer westlich von Mada-

ba und ist genau genommen der Sporn eines Hochplateaus, das hier abrupt zum Toten Meer hin abfällt.

Die **Aussicht** über die farbig schattierten Steilhänge des Jordantals auf das Tote Meer und Jericho und bei klarem Wetter sogar bis nach Jerusalem und Bethlehem ist atemberaubend.

Siyagha

Auf einer der drei Erhebungen des Berges Nebo befinden sich die Ruinen von **Siyagha.** Bibelarchäologen vermuten, dass sie exakt den Ort des mosaischen Panoramaplatzes markieren. Deshalb wurde ein altes Gebäude bereits im 4. Jh. zu einer Kirche und diese bereits im 6. Jh. zu einer dreischiffigen byzantinischen Basilika erweitert.

Die Fundamente der Nebenräume, eine angebaute Marienkapelle, das Baptisterium samt Taufbecken und fantastischen Mosaiken sind recht gut erhalten, ebenso auch die Reste der Klostergebäude mit Klausurzellen, Zisternen, Öfen und Gräbern. Zum Schutz sind mehrere Bodenmosaike mit Sand bedeckt.

Hammamet Ma'in, ein Muss für alle Jordanien-Reisenden

El-Mukhayyet

Fährt man vom Berg Nebo ein Stück zurück, sieht man links hinab ins Tal der Mosesquelle (arab.: Ain Musa), wo im Schatten mächtiger Eukalyptusbäume das geweihte Wasser aus dem Fels sprudelt.

Bei der ersten Gelegenheit geht es rechts ab und nach ca. 3 km ist **El-Mukhayyet** erreicht, das als Platz der biblischen Stadt Nebo gilt. Bereits im Jahr 1901 bemerkte der Orientalist Alois Musil auf dieser Anhöhe diverse Ruinen altchristlicher Baudenkmäler. Wenig später förderte man bei Erdarbeiten den Mosaikboden einer den Heiligen Lot und Prokopius geweihten Kirche zutage, der mittlerweile durch ein Gebäude gut geschützt wird. Seither sind in der unmittelbaren Umgebung die Reste dreier weiterer Kirchen entdeckt und freigelegt worden; auch sie bergen wunderschöne Mosaikböden.

Die Berge von Moab bilden ein stetiges Auf und Ab, vergleichbar den Wellen jenes gigantischen Ozeans, der dieses Kalkmassiv vor Jahrmillionen bedeckte. Ein spektakulärer Brecher aus Fels stürzt aus einer Höhe von ungefähr 1400 m über dem Toten Meer in das Wadi auf 100 m über dem Spiegel des salzigen Binnenmeeres hinab.

Auf dem Weg von Madaba über die fruchtbare Ebene bis zu dem Steilabbruch liegt **Ma'in**, ein frühes Zentrum des byzantinischen Ostjordanlandes mit heute überwiegend christlicher Bevölkerung.

Hinter dem Ort schraubt sich die Straße mit bis zu 15 % Gefälle in Serpentinen durch die zerklüftete Wüste hinab zu den heißen Quellen von Hammamet Ma'in, einem Höhepunkt jeder Jordanien-Reise.

*Hammamet Ma'in ㉔

An die sechzig Quellen sprudeln in Hammamat Ma'in aus der Tiefe (Eintritt: 10 JD inklusive Softdrink und Sandwich). Ihr bis zu 60 °C heißes mineralhaltiges Wasser stürzt über haushohe, mit Kalksinter überzogene Felswände (die spektakulärste Kaskade wird abends angestrahlt), sammelt sich in natürlichen Becken, um dann ins Tote Meer abzufließen.

Rheumatismus, Arthritis, Haut-, Atem-, Kreislauf- und Verdauungsbeschwerden … die Liste der Indikationen, gegen die das mit Soda, Schwefel, Kalzium, Natrium und Magnesium angereicherte Thermalwasser zusammen mit dem besonderen Klima hilft, scheint endlos.

Hammamat Ma'in macht zunehmend als **Eco-Sports Park** von sich reden. Unter der Regie der RSCN (siehe S. 38) werden hier und im nahe gelegenen Naturreservat Wadi Mujib (s. S. 77) Schluchtenwanderungen, Eselsritte, naturkundliche Exkursionen und viele weitere Aktivitäten angeboten (Infos bei der RSCN).

Janna Spa & Resort, etwas unterhalb der Quellen, Tel. (05) 324 55 00, Fax 324 55 50, www.jannaspa.com. Der große Hotelbau mag an eine Burg erinnern, an Komfort übertrifft das komplett renovierte ehemalige Mercure Hotel aber jede Burg haushoch. Mit Blick auf die Wasserfälle genießt man jordanische und internationale Küche. Das exklusive Spa offeriert Behandlungen mit dem Heilwasser von Ma'in. Während tagsüber auch Nicht-Hotelgäste die Quellen besuchen können (Eintritt s. links), ist dies abends den Gästen des Janna vorbehalten. ○○○

Abstecher nach *Muqawir ㉕

13 km weiter auf dem Königsweg in Richtung Süden liegt **Libb**. Von hier führt ein lohnender kleiner Umweg nach Westen über eine schmale Asphaltstraße nach Muqawir, dem biblischen Machärus.

Der Ort selbst bietet lediglich eine byzantinische Kirchenruine sowie Fragmente antiker Architektur, aber an seinem Westrand erblickt man vor der beeindruckenden Kulisse des Toten Meeres einen stumpfen fast 700 m hohen Bergkegel. Dieser wird von den Ruinen der antiken Festung Machärus bekrönt, Ihr heutiger Name: **Qasr el-Meshneqeh,** was so viel wie »Galgenburg« bedeutet,.

Ursprünglich von dem Hasmonäer Alexander Iannäus (103–76 v. Chr.) errichtet, wurde die Burg dann auf Betreiben des Herodes des Großen (um 30 v. Chr.) massiv ausgebaut und durch weitläufige Palastanlagen, die natürlich auch luxuriöse Thermen umfassten, ergänzt.

Spezielle Berühmtheit gewann die Festung, von der aus man bei guter Sicht auch die Türme auf dem Jerusalemer Ölberg erkennen kann, durch Johannes den Täufer, der hier kurz nach der Zeitenwende eingekerkert und enthauptet worden sein soll: Der Tetrarch Herodes Antipas, der hier als einer der Nachfolger seines Vaters Herodes des Großen residierte, hatte eine nabatäische Königstochter aus Petra geehelicht, diese aber dann zugunsten seiner Schwägerin Herodias verstoßen. Als Johannes es wagte, ihn deswegen zu tadeln, ließ ihn der Tyrann kurzerhand verhaften. Nach biblischer Überlieferung war bei seinem Geburtstagsfest der König so sehr vom Tanz der Tochter der Herodias, Salome, angetan, dass er gelobte, seiner Stieftochter jeden erdenklichen Wunsch zu erfüllen. Salome ließ sich daraufhin in Absprache mit ihrer Mutter Herodias auf einer silbernen Schale den Kopf jenes asketischen Bußpredigers servieren. Diese Geschichte wurde durch viele bildliche Darstellungen und durch die Oper gleichen Namens von Richard Strauss weltbekannt.

Der Rückweg nach Amman verläuft über Libb und Na'ur.

3
Karte
Seite
67

Tour 4

Auf der Straße der Könige

Amman → Dhiban → **Wadi Muijb → **Kerak → **Aqaba

Natürlich ließe sich die Fahrt von Amman in den äußersten Süden des Landes, nach Aqaba, auch über den rund 380 km langen, bis zu vierspurigen Desert Highway nonstop in knapp fünf Stunden bewältigen. Doch diese Strecke ist zwar bequem, aber ziemlich uninteressant und sehr verkehrsreich. Ungleich lohnender, wenn auch zeitaufwendiger, ist die Route über den weiter westlich gelegenen King's Highway, den Königsweg. Er schlängelt sich durch eine spektakuläre Berglandschaft vorbei an den Resten nabatäischer und römischer Siedlungen, an Kreuzfahrerburgen und Stätten der Bibel.

Die Strecke bis ans Rote Meer ist, vorausgesetzt Sie besuchen Petra später von Aqaba aus, an einem Tag zu bewältigen. Um für die Sehenswürdigkeiten ausreichend Zeit zu haben, sollten Sie allerdings sehr früh aufbrechen. Wer alles genau erkunden und Abstecher unternehmen will, der sollte im Resthouse von Kerak oder in Dana übernachten.

Kaum eine andere Straße auf der Welt wurde über Jahrtausende hinweg so oft und heiß umkämpft und gleichzeitig durch die Anwesenheit so unterschiedlicher Zivilisationen ausgezeichnet wie der durch die tiefen Täler östlich des Toten Meeres verlaufende Königsweg. Moses führte auf ihm die Kinder Israels aus Ägypten und Alexander der Große seine mazedonischen Truppen. Römische Kohorten, Byzantiner, die ersten Muslime aus Mekka, fränkische Kreuzritter, die Türken und auch Lawrence von Arabien mit seinen Beduinen zogen über den Weg und versuchten mehr oder weniger erfolgreich, ihn zu kontrollieren.

Auch Händlern diente der Königsweg seit biblischen Zeiten als Verbindung zwischen dem Gebiet des Fruchtbaren Halbmonds im Norden einerseits und dem Roten Meer, dem Land am Nil und der Arabischen Halbinsel andererseits. Legendären Ruhm genießen die Nabatäer (s. S. 39), deren Karawanen auf dem Königsweg Weihrauch und Myrrhe, Gewürze, Gold und Edelsteine aus Südarabien, Somalia und Äthiopien ans Mittelmeer transportierten.

Erst seit die Nomadenstämme befriedet sind, seit zwei bis drei Generationen, wurde der Königsweg als Haupthandelsweg von der bis dahin viel unsichereren Wüstenstraße im Osten abgelöst.

Wala-Tal und Dhiban

Der Tariq as-Sultani oder Sultansweg, wie die Einheimischen den King's Highway auch nennen, beginnt im Norden in der Hauptstadt Amman. Die ersten 50 km haben Sie bereits auf dem Tagesausflug nach Madaba und Muqawir kennen gelernt (s. S. 70).

Neuland wird südlich von Libb erreicht. Dort windet sich die Straße vom Hochplateau hinab in das Wadi Wala. Wen nach einem Picknick oder einem Bad gelüstet, der folgt einem anfangs asphaltierten, später recht staubigen 8 km langen Sträßchen am Südufer des Bächleins entlang zu mehreren natürlichen Wasserbecken.

4

Karte
Seite
81

Jordaniens Grand Canyon – das spektakuläre Wadi Mujib

4
Karte Seite 81

Kurz nachdem man sich wieder bis auf 700 m hochgearbeitet hat, gelangt man nach **Dhiban** ㉕. Der Ort, das antike Dibon, ist berühmt für seine reichen Funde, die teilweise bis in die Bronzezeit (um 3000 v. Chr.) zurückreichen. Das wohl interessanteste Stück ist der sog. Mescha-Stein, eine Inschriftenstele aus dem Jahr 850 v. Chr., die als ältestes bekanntes Schriftstück in hebräischer Sprache gilt. Das Original steht im Louvre.

*Umm ar-Resas

Lohnend ist ein Abstecher zur Ruinenstätte von Umm ar-Resas (Abzweig bei der Polizeistation von Dhiban Richtung Osten). Diese vermutlich von den Römern angelegte Siedlung besteht zwar, sieht man von der teilweise erhaltenen Stadtmauer und dem etwas außerhalb im Norden 15 m hoch aufragenden Turm ab, nur aus Trümmern. Sie birgt jedoch Teile mehrerer byzantinischer Kirchen – darunter die Bodenmosaiken aus der Stephanskirche, die u. a. mehr als ein Dutzend historischer Städte dies- und jenseits des Jordan zeigen. Die Mosaiken waren eines der Hauptkriterien für die Aufnahme der Stätte in die UNESCO-Liste im Jahr 2004.

🌟 **Wadi Mujib

Bei der Anfahrt nach Umm ar-Resas eröffnen sich immer wieder großartige Landschaftspanoramen. Kurz hinter Dhiban an der Hauptstraße entfaltet sich jedoch eine geradezu dramatische Szenerie: 400 m tief und 4 km breit klafft hier ein Riss im Plateau, der den Beinamen »Jordaniens Grand Canyon« trägt. Der Arnon, das Bächlein auf dem Grund des Wadi Mujib, bildete in biblischer Zeit die Grenze zwischen Moab im Süden und dem Reich Davids im Norden.

Über 20 km benötigt die Straße, um nun in unzähligen Haarnadelkurven an sein Ufer hinab und vis-à-vis wieder hinauf zum Südrand der Schlucht zu klettern, deren natürliche Schönheit durch einen jüngst fertig gestellten Damm gefährdet scheint.

⭐ **Kreuzfahrerburg Kerak** ㉗

Etwa 30 km weiter südlich schiebt sich, zwischen Kornfeldern und Olivenhainen gelegen, schon von weitem die Kreuzfahrerburg Kerak ins Blickfeld. 950 m ist der Hügel hoch, auf dessen Spitze sie thront – Seehöhe über Null ist gemeint, was man hier, keine 20 km Luftlinie von der tiefsten Depression der Erdoberfläche entfernt besser dazusagen sollte.

Die moderne **Stadt Kerak** zählt 20 000 Einwohner und ist Hauptstadt der gleichnamigen Provinz. In der Bibel ist sie als Kir-Heres, »Scherbenstadt« erwähnt. In byzantinischen Zeiten war sie Bischofssitz und noch im 14. Jh. bestand die Bevölkerung mehrheitlich aus Christen. Vom touristischen Standpunkt aus hat die Stadt lediglich ihre malerische Lage zu Füßen der Burg und das Resthouse zu bieten.

Die alles überragende **Kreuzfahrerburg** wurde 1142 von Payen Le Bouteiller, dem Verwalter der fränkischen Provinz Oultrejourdain errichtet. Strategisch überaus günstig, weil einen Tagesritt sowohl von Shaubak als auch von Jerusalem entfernt gelegen, bildete die Feste ein wichtiges Glied in jener Kette von Burgen, die die europäischen Invasoren von der Südtürkei über das heutige Syrien bis an das Rote Meer spannten.

Dieses Wunderwerk des Festungsbaus der ansonsten alles andere als fortschrittlichen Christen hielt über vierzig Jahre lang, genau bis 1188, mehreren Anstürmen muslimischer Heere stand. Dann fiel die Feste in die Hand des ajjubidischen Heerführers Saladin. Die erste Tat des Heerführers, der den Kreuzrittern im Jahr davor bei Hittin eine vernichtende Niederlage zugefügt hatte, bestand darin, Rainald von Chatillon, der seit 1177 Burgherr von Kerak war, öffentlich zu köpfen und seinen Kopf am Tor aufzuspießen. 1188 ließ Saladin innerhalb der Burg ein neues Herrenhaus anlegen.

Im Mittelalter betrat man die Zitadelle durch gut zu verteidigende Felstunnel, heute gelangt man über den aufgefüllten Burggraben durch ein Eisentor ins Innere. Der 250 m lange und bis zu 135 m breite Bau wurde in jüngster Zeit zwar teilweise restauriert, doch wirkt das Labyrinth aus Türmen, Wehrmauern, Höfen, Zisternen, großen Hallen und einer Kapelle immer noch recht desolat. Die ur-

4

Karte Seite 81

Die Zeit der Kreuzzüge

»Deus lo volt« schrie die Masse begeistert nach der Rede von Papst Urban II. am 27. November 1095 in Clermont. An jenem Tag wurde der Erste Kreuzzug (1096 bis 1099) ausgerufen. Die Gründe für die Entstehung der Kreuzzugsbewegung, die »bewaffneten Wallfahrten« ins Heilige Land, waren politischer, wirtschaftlicher, sozialer und zum Teil auch religiöser Natur. Dass sich dabei die Ziele des Papstes, dem sich die »Militia Christi« verpflichtet fühlte, von jenen der Ritter unterschieden, zeigte sich deutlich im Laufe des 12. und 13. Jhs.

Für den Erfolg des Ersten Kreuzzugs spielte die Uneinigkeit der Muslime eine bedeutende Rolle. Bei der Eroberung Jerusalems 1099 fand der Siegesrausch keine Grenzen: Es kam zu einem grausamen Gemetzel an der Bevölkerung. Auch wenn nach der Festsetzung der Kreuzritter im Vorderen Orient

Die mächtige Kreuzfahrerfestung Kerak wurde im Jahr 1142 errichtet

4

Karte
Seite
81

und der Bildung von Kreuzfahrerstaaten die Eroberungen zu Beginn des 12. Jhs. zügig vonstatten ging und im Laufe weniger Jahre fast die gesamte syrisch-palästinensische Küste in den Händen der Franken war, gebot die Gegenoffensive Zengis und seines Sohnes Nur ad-Din deren Vordringen Einhalt. Im Jahr 1144 eroberte Zengi Edessa zurück, worauf der Zweite Kreuzzug ausgerufen wurde. Die Kreuzritter sahen sich nun einem starken Gegner gegenüber. Denn Nur ad-Din gelang es, die Muslime zu vereinigen und sie unter der Flagge des Dschihad, des Heiligen Krieges, gegen die »Eindringlinge« siegreich zu führen.

Wenige Jahre später betrat Saladin die politische Bühne. Ihm gelang es nicht nur – in der Schlacht bei Hittin im Jahr 1187 –, den Kreuzrittern eine entscheidende Niederlage zuzufügen. Er entriss ihnen wenig später auch die Heilige Stadt Jerusalem. Erneut wurde im Abendland ein Kreuzzug ausgerufen, der diesmal allerdings zum Abschluss eines Waffenstillstands zwischen dem ajjubidischen Sultan, Richard Löwenherz und dem französischen König Philipp II. August führte. Im 13. Jh. kam es zwar noch zu diversen Appellen, sich an weiteren Kreuzzügen zu beteiligen. Diese waren jedoch erfolglos und brachten für die Europäer fast nur Verluste mit sich.

Zu erwähnen sei auch noch der Fünfte Kreuzzug des Staufers Friedrich II., der nach Abschluss des Vertrages von 1229 Jerusalem kurzfristig für die Christen zurückgewann. Dieser kleine Erfolg brachte jedoch keine grundlegende Wende, denn die Nachfolgedynastie der Ajjubiden, die Mamelucken, eroberten nach und nach alle fränkischen Stützpunkte zurück. 1291 fiel Akkon und die letzten Besitzungen in Palästina (Tyrus, Beirut, Sidon) mussten aufgegeben werden.

sprünglichen Funktionen der einzelnen Räume sind höchstens zu erahnen. Gut unterscheiden lassen sich
die fränkischen von den jüngeren arabischen Bauteilen. Denn die Kreuzritter verwendeten vulkanischen, rötlich
schwarzen Fels, die Muslime benutz-
ten grau-gelbliche Kalkblöcke.

Den enttäuschenden Zustand der
Burg macht die Aussicht vom oberen
Hof mehr als wett. Sie reicht an klaren
Tagen bis nach Jerusalem. Den baulichen Höhepunkt bilden die gewaltigen Gewölbegänge und Säle im Keller-
geschoss. Einen Besuch verdient auch
das kürzlich umfassend renovierte
Museum in der Unterburg. Es zeigt
Grabungsfunde und historische Fotos
von Stadt und Festung.

(Zitadelle: tgl. 8–17 Uhr, Museum:
tgl. außer Di 8.30–16.30 Uhr, Tel. (03)
35 11 49.)

Resthouse Kerak, P. O. Box 95,
Amman, Tel. (03) 235 11 48,
Fax 235 31 48. Das kleine Rasthaus
in unmittelbarer Nähe zur Burg bietet
einfache, aber recht akzeptable Zimmer sowie einen fantastischen Rundblick über die Täler und Wälder der
Umgebung. Eine Reservierung ist
unbedingt empfehlenswert. ○○
Das hauseigene Restaurant lässt
allerdings leider sehr zu wünschen
übrig. ○

▮ **Castle Hotel,** gleich in der Nähe des
Resthouses, Tel. (03) 235 42 89.
Eine saubere und durchaus empfeh-
lenswerte Billigherberge mit einem
schlichten Restaurant im Erdgeschoss. ○

In der Al-Qala'at Street (letzte
Straße links vor der Burg) bie-
ten mehrere einfache, aber exzellente
Restaurants u. a. reichhaltige Mezze-
Buffets an, darunter das **Abu'l-Fida**
und das **Ram.** ○

*Karg ist das Mahl auch für Tiere
im Wadi el-Hasa*

Abstecher: Sodom und Gomorrah

Wer auf den Spuren der Bibel wandeln
will, sollte von Kerak aus einen Abstecher zum Toten Meer unternehmen.
Wo das Vorgebirge el-Lisan als Halbinsel in das Meer hinein ragt, befanden
sich, so behaupten zumindest die Jordanier, diese beiden berühmten sün-
digen Stätten an der Stelle der heutigen Orte Bab Edh-Dra und Numeira.

Zu sehen gibt es allerdings wenig:
viel Salz und Schwefel und jene Säule,
in die Lots Frau nach biblischer Überlieferung verwandelt wurde. Seltsam
ist nur, dass es offensichtlich zwei
Ausgaben des verruchten Sodom gibt.
Denn auch die Israelis behaupten, ein
Sodom zu besitzen, das aber an
ihrem, dem westlichen Ufer liegt. Auch
dort steht Lots zu Salz erstarrte Frau.

Mutah ㉘ und Mazar

Ob Edomiter gegen Moabiter, Araber
gegen Christen oder Türken gegen
Araber – in fast jedem Ort entlang der
Königsstraße stößt man auf Zeugnisse
des endlosen Ringens der Religionen
und Völker dieser Region. Berühmtes
Beispiel ist das Zwillingsdorf von Mutah und Mazar (10 km südlich von

4
Karte
Seite
81

Kerak). In Mutah fand 629 die erste bekannte Schlacht zwischen Byzantinern und Muslimen aus Mekka statt.

Zwei der arabischen Heerführer, die dabei umkamen – immerhin die ersten Märtyrer des Islam –, fanden in Mazar die letzte Ruhe. Im Vorraum ihrer Grabmoscheen ist in Kufi-Lettern die Koransure eingraviert: »Beklagt nicht die, die auf dem Wege Allahs fielen. Sie sind nicht tot. Sie leben, und ihr Gott gibt ihnen Lohn.«

*Wadi el-Hasa

Kurz hinter Mazar zweigt links eine Straße zum Dorf Dhat Ras mit einem nabatäisch-römischen Tempel ab. Auf der Hauptroute tut sich wenig später erneut ein gewaltiger Canyon auf. Das 800 m tiefe Wadi el-Hasa bildete einst die Grenze zwischen den Reichen von Moab und Edom. Außerdem trennt es zwei unterschiedliche Landschaftsformen: Denn führte die Route bisher über relativ sanfte, hügelige Plateaus, so wird das Land ab nun schroffer und von tieferen Tälern zerfurcht sein.

Wenn Sie im Sommer unterwegs sind, probieren Sie die köstlichen **Kaktusfeigen,** die überall am Straßenrand feilgeboten werden.

Tafila ㉙

Der malerisch inmitten von Obst- und Olivenhainen gelegene Marktflecken Tafila, den man nach rund 25 km erreicht, ging in die Geschichte als Schauplatz jener Schlacht ein, bei der Oberst Lawrence 1918 mit seinen arabischen Beduinenkämpfern das einzige Mal in direkter Konfrontation mit osmanischen Verbänden militärisch die Oberhand behielt (s. S. 19).

Wildreservat **Dana ㉚

Weitere 25 km südwärts kommt man nach Dana. Es liegt am Anfang eines zerklüfteten Tals, das im Westen zum Wadi Araba abfällt, und gilt als das Dorf mit dem grandiosesten Panorama und der klarsten Luft im ganzen Königreich. Umgeben ist das aus recht

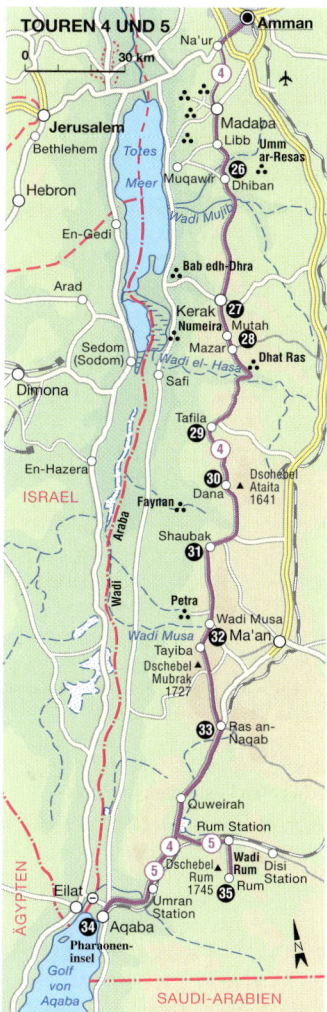

hübschen, alten Häuschen bestehende Dorf – die moderne Betonsiedlung wurde glücklicherweise ein Stück hangaufwärts angelegt – von einem Naturschutzgebiet. Dieses wird von der Royal Society for the Conservation of Nature (RSCN, s. S. 38) betreut und stellt eines der letzten Refugien etliche akut bedrohte Arten im Vorderen Orient dar.

Seit 1996 ist Dana für Besucher zugänglich, und es hat sich zu einem viel besuchten ökologischen Tourismusprojekt entwickelt.

Steinadler im Dana-Wildreservat

Faynan Wilderness Lodge, Buchung über Dana Guesthouse (s. u.). Ein spartanisch-elegantes Design-Schmuckstück des Stararchitekten Ammar Khammash, abseits von allem, wildromantisch am Fuße der Berge gelegen, erreichbar nur per pedes oder vom Wadi Araba aus per Geländewagen, ausschließlich Kerzenbeleuchtung. ○○–○○○

▍**Dana Guesthouse,** Tel. (03) 227 04 98, Fax 2227 04 99, dhana@rscn.org.jo; prachtvoll gelegen, stilvoll-schlicht, ebenfalls gestaltet von A. Khammash, von der RSCN ökologisch nachhaltig betrieben. Angeschlossen: Info-Büro zum Schutzgebiet und Guide-Vermittlung ○–○○

▍**Rummana Campsite,** Buchung über Dana Guesthouse (s. o.). ebenfalls unter Leitung der RSCN – ein komfortables Zeltlager in Traumlage mitten im Nationalpark, Ausgangspunkt für herrliche Wanderungen. ○

*Shaubak ㉛

Die Stadt **Shaubak** liegt etwa 30 km südlich von Dana. Von ihr zweigt rechts ein Sträßchen zur Ruine der gleichnamigen Kreuzfahrerburg ab. Montreal oder Mons Realis, der »Königliche Berg« nannte man diesen ersten Stützpunkt der Franken in Oultrejourdain. Er wurde 1115 von Balduin I erbaut und 1189 von Saladin erobert.

Wenig später bauten die Mamelucken vor allem die Außenanlage mit großem Aufwand aus. Ende des 19. Jhs. wurde der Bau schließlich von den Osmanen als Militärunterkunft genutzt und später von den Bauernfamilien der Umgebung zum Privatquartier umfunktioniert. Heute präsentiert sich die Festung weitgehend zerstört. Erhalten blieben die Ecktürme, einige Schießscharten, zwei Kirchen sowie Zisternen und ein tiefer Brunnen. In Letzteren können Abenteuerlustige – hinter einem Führer – über 356 in den Fels gehauene Stufen hinabsteigen.

Wadi Musa

Fährt man auf dem Königsweg nach Süden weiter, taucht nach rund 30 km, kurz nachdem man dem Wegweiser zum Ort **Wadi Musa ㉜** gefolgt ist, jene grandiose Gebirgskulisse aus rötlichem Sandstein auf, hinter der sich Jordaniens größte Attraktion Petra (s. S. 39) verbirgt. Der moderne Bau mit den drei weißen Kuppeln am Ortseingang birgt Ain Musa, die berühmte Mosesquelle. Der Stein, unter dem die Quelle entspringt, zeigt angeblich

Blick auf Aqaba, Jordaniens einzige Stadt am Meer, vom israelischen Eilat aus

noch Spuren jenes Hirtenstabs, mit dem der auch von Muslimen verehrte Prophet Moses einst Wasser schlug.

Den Desert Highway entlang

Nun folgt man – nach einem kurzen Umweg über Tayiba, von wo noch einmal das Panorama auf die Berge rund um Petra und Beidha zu genießen ist – dem Königsweg. Er mündet wenig später in den Desert Highway.

Nächste Station ist das über einen weiteren Umweg auf der alten Straße erreichbare **Ras an-Naqab** ㉟. Von hier fällt das Land abrupt 600 m tief in die von rötlichen Felskuppen, -klippen und Tafelbergen durchsetzte Ebene von Quweirah ab – ein unvergesslicher Anblick, der einen Vorgeschmack auf das nahe Wadi Rum gibt.

5 km südlich von Quweirah, der einzigen Stadt zwischen Ma'an und Aqaba, zweigt die Straße zum **Wadi Rum** (S. 86 ff.) ab. Man lässt sie am besten links liegen, um später im Rahmen einer extra Tour wiederzukehren, und steuert Aqaba an.

⭐ **Aqaba** ㉞

Jordaniens einzige Stadt am Meer zählt bereits über 100 000 Einwohner, Tendenz weiter steigend. Diesen Boom verdankt sie ihrer besonderen Bedeutung als Hafen – und ihrem wachsenden Ruf als Tauchdestination.

Geschichte und Wirtschaft

Schon vor knapp 3000 Jahren schmolz man hier das im Wadi Araba geförderte Kupfererz, um das kostbare Metall anschließend per Schiff abzutransportieren. König Salomo errichtete an dieser Stelle, die damals Elat hieß, einen Seestützpunkt. Auch die Römer unterhielten eine Garnison und im Mittelalter errichteten die Mamelucken eine starke Feste. Unter den Osmanen verfiel der Ort, der seit ca. 650 Aquabat Aila heißt, über 400 Jahre lang zu einem unscheinbaren Fischerdorf, was er auch blieb, nachdem T. E. Lawrence und seine Beduinenkämpfer den Ort 1917 im Handstreich eroberten und so den Waffennachschub aus Ägypten sicherstellten. Ein wirklicher Aufschwung setzte erst 1954 ein, als man mit dem Ausbau des Hafens be-

4
Karte Seite **81**

Tauchexkursion in die faszinierende Korallenwelt des Roten Meeres

4

Karte
Seite
81

gann. Heute werden hier Phosphat aus der Wüste, Pottasche vom Toten Meer und in Aqaba produzierte Düngemittel in alle Welt verschifft.

Traumhafte Unterwasserwelt

Die Bucht von Aqaba, in der auf engstem Raum vier Staaten – Saudi-Arabien, Ägypten, Israel, Jordanien – aneinandergrenzen, erfreut sich eines gesegneten Klimas. So kann hier die Quecksilbersäule im Winter 20 °C anzeigen, während sie in Amman gegen Null sinkt. Neben dem Klima sind es vor allem die über 20 km langen Sandstrände, das kristallklare Wasser und die traumhaften Korallenriffe, die wachsende Touristenströme aus Europa und den arabischen Nachbarländern anlocken. Der Ort zählt zu den schönsten Tauchgebieten der Welt.

⭐ Einen trockenen Blick auf die Unterwasserwelt hat man von einem **Glasbodenboot** aus. Ausflüge werden von Hotels und direkt am öffentlichen Strand angeboten.

Boomtown Aqaba

Aqaba war noch bis vor kurzem ein beschauliches Städtchen. Die wenigen Luxushotels ragten keineswegs hoch

in den Himmel, die Strände waren alles andere als überfüllt. In jüngster Zeit aber sind hypermoderne Shopping-Malls wie Aqaba Gateway, City Centre bzw. Dream Mall und Luxushotels (u. a. Intercontinental und Kempinski) entstanden. Und man will noch mehr: Gigantische Resortanlagen mit Namen wie Aqaba Lagoon und Tala Bay, Fünf-Sterne-Hotels, Jachthäfen, Golfplätze, Aqua-Parks etc. sind für die nächsten Jahre geplant und werden den Charakter der Stadt wohl nachhaltig verändern.

Ausflüge

Wer den nur einen Steinwurf entfernten israelischen Badeort **Eilat** besuchen will, kann dies problemlos tun; beide Staaten verlangen Gebühren für den Grenzübertritt. Der Grenzübergang »Wadi Araba Border« befindet sich im Norden der Stadt.

Ein Tages- oder Halbtagesausflug per Boot führt hinüber zur ägyptischen **Pharaoneninsel.** Auf dem winzigen, 7 km vor Aqaba und 250 m vor der Sinaiküste aus dem Meer ragenden Vulkanfels, der heute zu Ägypten gehört, errichtete Balduin I im 12. Jh. eine Burg, die Ile de Graye. Sie wurde komplett renoviert und umfasst ein

kleines Restaurant mit einer künstlichen Lagune, in der sich angenehm schwimmen und schnorcheln lässt.

⭐ Für den **Rückweg nach Amman** eignet sich die Straße durch das Wadi Araba entlang des Toten Meeres. Sie ist weniger befahren als die Strecken im Osten.

ℹ️ **Touristenbüro** neben dem Fort, Tel. (03) 201 37 31, tgl. 7.30–14.30, 16–18 Uhr, www.aqaba.jo **Tauchadressen** s. S. 26

⭐ Dank Aqabas Status als Sonderwirtschaftszone bekommt man, wenn man über den Hafen, den Airport oder von Israel aus einreist, hier ein **kostenloses 30-Tage-Visum** für ganz Jordanien.

Sehenswertes in Aqaba

Die allermeisten Touristen kommen zum Tauchen und Schnorcheln hierher, doch auch das alte **Fort Aqaba** an der Corniche (tgl. 7.30 Uhr bis Sonnenuntergang), das **Museum** direkt nebenan mit archäologischen Funden (tgl. 7.30–17 Uhr), das 3D-Kinoerlebnis »The Jordan Experience« im Aqaba Gateway und das **Aquarium** der »Marine Science Station« (tgl. 8–17 Uhr) etwa 10 km südlich der Stadt, lohnen einen Besuch.

Flugverbindung: Die Fluggesellschaft Royal Wings verkehrt zwischen Amman und Aqaba. Flughafen 10 km nördlich der Stadt. Taxi etwa 5 JD.
Busverbindungen: JETT-Busse verbinden fünfmal täglich Aqaba mit der Hauptstadt. Zusätzlich geht jeden Tag ein JETT-Bus nach Kairo.
Schiffsverbindungen: Zwischen Aqaba und Nuweiba (Ägypten) verkehren mehrmals täglich Fähren. Die Bootsausflüge auf die Pharaoneninsel werden von Hotels organisiert.

🏠 **Aqaba Gulf Hotel,** Al-Corniche Street, Tel. (03) 201 66 36, Fax 201 82 46, www.aqabagulf.com. Modernes, geschmackvoll gestaltetes Hotel, die meisten der 201 Zimmer bieten herrlichen Meerblick. ○○○
▌ **Mövenpick Resort Aqaba,** Al-Corniche Street, Tel. (03) 203 40 20, Fax 203 40 40, www.moevenpick-aqaba.com. Neuestes Spitzenhotel Aqabas neben den Ausgrabungen von Aila, 235 Komfortzimmer, großes Sportangebot. ○○○
▌ **Radisson SAS Aqaba,** Al-Corniche Street, Tel. (03) 201 24 26, Fax 201 34 26, www.radissonsas.com. Luxus-Hotelklotz, schöner Pool, Privatstrand, Kinderclub. ○○○
▌ **Alcazar,** Al-Corniche Street, Tel. (03) 201 41 31, Fax 201 41 33, www.alcazarhotel.com. Freundlich und strandnah, große Zimmer mit Balkon, Tauchschule. ○○

🍴 **Captain's,** Nahda Street, Tel. (03) 201 69 05, gegenüber dem Alcazar-Hotel. Der Fischspezialist vor Ort mit angeschlossenem, ganz neu eröffnetem Hotel. ○○
▌ **Mina House,** auf dem alten Schlepper, der nahe dem Mameluckenfort vertäut ist, Tel. (03) 201 26 99. Auch in diesem Lokal wird frischer Fisch vom Grill angeboten. ○○

4
Karte Seite 81

Tour 5

⭐ Ins Zauberland: **Wadi Rum

Wadi Rum

Etwa 50 km östlich von Aqaba erstreckt sich eine der faszinierends-
ten Wüstenlandschaften der Welt –
das surreal wirkende, von wild
zerklüfteten Granit- und Sandstein-
gipfeln eingefasste Wadi Rum. Wer
dieses wahlweise mit dem Mietauto
oder einem Zubringerbus bequem
erreichbare Naturwunder wirklich
genießen will, braucht Muße.

*Lebhaftes Treiben an der
Lawrence-Quelle des Wadi Rum*

Die Erosion hat eine Zauberland-
schaft geschaffen, die in den Farben
Weiß, Gelb bis Pink schillern kann.
Wüste, Himmel und vor allem die
Stille scheinen unendlich. Für den
Ausflug ist deshalb unbedingt ein
ganzer Tag einzuplanen, zumal man
sich wenigstens einen kurzen Trip mit
dem Geländewagen, auf einem
Kamelrücken oder besser noch per
pedes in die Seitentäler nicht entgehen lassen sollte. Egal, ob Sie eine
kurze oder eine mehrtägige Tour
planen, man sollte nie auf einen
kundigen Führer verzichten. Als
besonders kundig erweisen sich die
Beduinen vom dort ansässigen
Stamm der Aneze bzw. Al-Howeitat.

»Es waren keine geschlossenen Felswände, sondern gewaltige Blöcke, die
gleich riesigen Bauwerken zu beiden
Seiten der Straße standen. Tiefe, fünfzig Fuß breite Querschlünde trennten
diese einzelnen Massive, in deren
Wände die Verwitterung gewaltige,
von feinen Rissen und Furchen wie mit

Ornamenten bedeckte Buchten und
Apsiden geschliffen hatte. Die einzelnen Abschnitte waren gekrönt von
hochgewölbten Gipfeln, gleich Gruppen von Domkuppeln, nicht so bren-
nend rot wie das übrige Gestein; sondern nur ganz leicht getönt und mehr
ins Graue spielend. Damit vollendete
sich der Eindruck einer byzantinischen Architektur um diesen unver-
gleichlichen Ort, der gewaltiger war,
als ihn Phantasie sich vorzustellen
vermochte ...«

Spurensuche

Niemand hat die Reize des
Wadi Rum so poetisch beschrie-
ben wie Lawrence von Arabien
in »Die sieben Säulen der
Weisheit« (1926; dtv 2005).
Den britischen Sprachforscher,
Archäologen, Agenten und Mili-
tärberater führten seine Aufträge
während des Arabischen Auf-
stands in den Jahren 1917/1918
immer wieder hierher.

5

Karte
Seite
81

Lawrence von Arabien

Im **Wadi Rum

Unter den vielen Wadis – diesen das ganze Jahr über meist völlig trockenen Flusstälern –, die das Gebiet im Osten von Aqaba durchziehen, ist das Wadi Rum das unbestritten eindrucksvollste überhaupt. Der Name des Flusstals geht auf den nahe gelegenen Bergrücken Rum zurück, dessen Sandsteinformationen dem Tal einen rötlichen Schimmer verleihen.

Anreise
Etwas über 40 km nordöstlich von Aqaba, rund 10 km südlich von Quweirah weist am Desert Highway ein Schild den Weg Richtung Osten ins Wadi Rum (s. S. 83).

Am Fuß des Dschebel Rum
Nach 30 km über eine schmale Straße erreicht man das kleine Dorf **Rum** ⓯. Es liegt am Fuß des Dschebel Rum, der mit 1754 m höchsten Erhebung nicht nur des gesamten Massivs, sondern auch des Landes, und besteht aus ein paar Zelten und Häusern, einer Schule, dem Rasthaus und einem Fort.

Letzteres wurde in den frühen dreißiger Jahren von Glubb Pascha, dem britischen Oberbefehlshaber für Transjordanien, als Hauptquartier für das Desert Camel Corps erbaut.

Die Beduinenpolizei
Die Männer dieser legendären Einheit durchkämmen von hier aus die Gegend – aber heute suchen sie in erster Linie nach verschollenen Touristen und Rauschgiftschmugglern aus Saudi-Arabien. Obwohl sie ihre Kamele mittlerweile zum Teil gegen Jeeps eingetauscht haben, entsprechen sie mit ihren stolzen, hageren Gesichtern, den bodenlangen Khakiuniformen, rot-weiß karierten Kopftüchern, silbernen Dolchen, ledernen Patronengurten und altmodischen Gewehren dem klassischen Bild der furchtlosen, fest in ihren Traditionen verankerten Wüstensöhne. Folgt man der Einladung an ihr Lagerfeuer zu einem mit Kardamom gewürzten Kaffee oder einer Schale süßen Tees, erfährt man, was arabische Erzählkunst bedeutet.

Touristenrummel neben Wüstenstille
Vor gut zwanzig Jahren noch war das Örtchen Rum ein von der Welt vergessenes Beduinennest. Heute ist der Parkplatz vor dem Besucherzentrum oft mit Reisebussen vollgeparkt.

Zum Glück genügt ein kurzer Fußmarsch in eines der zahlreichen Seitentäler, um sich dem Rummel zu entziehen. Dort lässt sich über die Geburt dieser einmaligen Landschaft meditieren. Sie entstand vor etwa 30 Mio. Jahren im Zuge derselben tektonischen Katastrophe, die auch den Großen Ostafrikanischen Grabenbruch, der von Syrien über das nahe Tote und Rote Meer bis nach Kenia verläuft, hervorgebracht hat. Ihre heutigen bizarren Formen verdanken die rötlichen

5
Karte Seite 81

Der beste Freund des Beduinen – das Kamel

»Unverzagtes Herz«, »Vater der Einsamkeit«, »Wunder der Tugend« ... Ungezählt sind die sprachlichen Bilder, mit denen die poetisch veranlagten Beduinen die Vorzüge des Kamels preisen. Das Arabische kennt über 160 Synonyme für das Tier der Wüste. Das Wort *Dschama* zum Beispiel steht, verschieden betont, sowohl für das Kamel als auch für Schönheit. Die Wurzeln dieser glühenden Verehrung reichen tief in die Vergangenheit. Bereits kurz nachdem die ersten Kamele gezähmt worden waren – also vermutlich vor über 4000 Jahren – standen sie im Mittelpunkt bedeutsamer Zeremonien. Und unter wohlhabenden Gastgebern gehörte es schon damals zum guten Ton, Ankömmlinge mit einem rituell geschlachteten Kamel willkommen zu heißen.

Die Wertschätzung kommt nicht von ungefähr. Schließlich verdanken die Wüstenbewohner diesem »größten Geschenk Allahs« sehr viel: sein zähes Fleisch, seine fettarme, dafür an Mineralien und Vitaminen umso reichere Milch; die Haut – Rohmaterial für Gürtel, Taschen und Sandalen – und die Haare, aus denen sich Zelte und wärmende Decken machen lassen. Sogar die Exkremente sind noch nutzbar – der trockene Dung als Brennstoff, der Urin als keimfreier Wundreiniger. Zudem sind Kamele auch Kapital. Mit ihnen bezahlt man Bräute und sühnt Verbrechen. Außerdem haben sie schon manchen Wüstensohn vor dem Verdursten gerettet, indem sie mit ihrem

sechsten Sinn im letztmöglichen Moment eine Quelle fanden.

Das im Nahen Osten beheimatete einhöckrige, erdfarbene Dromedar, das ursprüglich aus Nordafrika und Arabien stammt und vereinfachend im allgemeinen Sprachgebrauch »Kamel« genannt wird, verfügt über beeindruckende »technische Daten«: Dauergeschwindigkeit beladen vier bis fünf km/h. Nutzlast maximal: 200 kg. Verschleiß: minimal. Tankvolumen: bis zu 135 l Wasser. Zugleich extrem geringer Verbrauch. Die Haltbarkeit beträgt um die dreißig Jahre. Einziges nennenswertes Handicap: die niedrige Reproduktionsrate.

Genial sind aber auch etliche »Konstruktionsdetails«: die Nasengänge etwa – sie sind so verwinkelt, dass die Luft beim Einatmen drastisch abkühlt, beim Ausatmen hingegen entfeuchtet wird, um wertvolles Wasser zu sparen. In Dürreperioden können Kamele, um Transpiration und damit den Flüssigkeitsverlust zu verringern, ihre Körpertemperatur auf 46 °C steigern. Gegen das grelle Sonnenlicht sind den Vierbeinern überlange Wimpern, und gegen die glühende Hitze des Sandes breite, dickschwielige Sohlen gewachsen; sie verhindern nach dem System eines Niederdruckreifens ein Einsinken in den Sand. Beim Trinken lagert sich das Wasser nicht im Magen, sondern in den Gewebezellen und im Blutkreislauf ab, weshalb die Tiere binnen Minuten über einen Hektoliter zu schlabbern vermögen.

5
Karte
Seite
81

Die Wüstenlandschaft des Wadi Rum lässt sich gut auf dem Kamelrücken erkunden

Sandsteingipfel und der darunter liegende dunkle Granit der in diesem harschen Klima extremen Erosion.

Spätestens in der Morgen- oder Abendstille entdeckt man, dass das Wadi Rum nicht nur eine Kulisse für Touristen und Regisseure darstellt (David Lean drehte hier 1962 mit Peter O'Toole den Film »Lawrence von Arabien«), sondern auch Lebensraum für vielerlei Tiere ist. Mit etwas Glück begegnet man Steinbock, Fuchs oder Felskaninchen, seltenen Arten von Finken, Drosseln, Spatzen oder sieht Geier kreisen. Nicht grundlos hat die »Königliche Gesellschaft für Naturschutz« Ende der 1980er-Jahre einen 510 km² großen Teil des Tales zum Wildtierreservat erklärt.

Die auf den ersten Blick recht unwirtliche Gegend war eines der ersten Siedlungsgebiete im jordanischen Raum. Funde belegen, dass hier bereits im 9. Jahrtausend v. Chr. Feldbau und Tierzucht betrieben wurden. Die Inschriften und Zeichnungen an den Wänden datieren allerdings erst aus den Jahrhunderten kurz vor und nach der Zeitenwende. Sie wurden von Händlern aus Ma'in im heutigen Je-men und aus dem Hedschas in den weichen Fels geritzt sowie von Nabatäern, die das Tal als heiligen Ort verehrten. Heute leben noch etwa tausend Beduinen im Wadi Rum.

Busverbindungen: Es verkehren 4x täglich Busse von Aqaba, aber nur frühmorgens 1x von Petra nach Wadi Rum. Praktischer ist deshalb die individuelle Anreise per Taxi (Richtpreis ca. 20 JD für vier Personen ab Petra).

Visitor Center (s. S. 10) tgl. 7–22 Uhr, Tel. (03) 209 06 00.

In Wadi Rum gibt es keine Hotelzimmer, dafür aber mehrere gut ausgestattete Beduinen-Zeltlager. Besonders empfehlenswert ist das **Captain's Camp,** Tel. (03) 201 69 05, nahe dem Dorf Diseh. S. auch S. 10 f.

Wadi Rum Resthouse. Das Restaurant bietet gute, aber recht teure Küche in spektakulärer Umgebung. ○○
▌ Wenige Meter weiter bieten mehrere kleine Restaurants gute und preiswerte lokale Gerichte an.

5
Karte Seite 81

***Jerusalem und Umgebung

**Amman → King Hussein Bridge → **Jericho → ***Jerusalem → **Bethlehem

Jordanien hat 1988 die politische Vertretung der Gebiete westlich des Jordans an die Palästinenser abgetreten. 1948 war sie bei der Aufteilung der Region den Palästinensern zugedacht, wurde dann im selben Jahr im ersten arabisch-israelischen Krieg von Jordanien eingenommen. Im Sechstagekrieg 1967 besetzte Israel das Gebiet. Im Rahmen des Friedensprozesses wurden Teile der Westbank den Palästinensern als Autonomiegebiet überantwortet. Die Westbank bildet den Kernbereich eines zukünftigen Staates Palästina. Für die 350 km lange Tour sollte man vier Tage einplanen (2 Nächte Jerusalem).

6
Karte Seite 50

Anfahrt

Man folgt dem bereits bekannten Weg (s. S. 49) über Na'ur und die Steilhänge des Hochlandes hinab, am Markstein »Sea Level« vorbei in das Schotterlabyrinth des Jordantals. Fluss und Grenze überquert man über die **King Hussein Bridge**, die die Israelis Allenby-Brücke nennen (So bis Do 8–23, Fr und Sa 8–14 Uhr, Tel. (03) 994 26 26).

i Als **Informationsbörse** scheint das Resthouse etabliert, Tel. (03) 201 88 67, Fax 201 42 40. Auch ein Büro der Tourist Police befindet sich hier, Tel. (03) 201 82 15.

Die **King Hussein Bridge** galt lange Zeit als überaus trauriges Symbol für die jahrelangen Feindseligkeit zwischen den benachbarten Ländern und die Unüberwindlichkeit ihrer Grenze. Zwar durften Palästinenser und Jordanier mit einer Genehmigung für kurze Zeit ihre Verwandten östlich des Jordan besuchen, doch das Warten, die Durchsuchungen und die Verhöre durch die israelischen Grenzbehörden waren ein erniedrigendes Ritual. In der Gegenrichtung erwies sich die Grenze sogar als hermetisch gesperrt.

Generell ist bei einer Reise in das palästinensische Autonomiegebiet erhöhte Vorsicht und gute Vorabinformation geboten. Im Zuge des politischen Tauwetters Anfang der 1990er-Jahre hat sich die Situation an der Grenze deutlich entspannt. Sowohl Individualtouristen als auch Reisegruppen können ohne Verzögerungen einreisen. Bei der Weiterfahrt in palästinensisch verwaltete Städte wie Jericho, Bethlehem oder Nablus werden zwar von den dortigen Behörden die Pässe kontrolliert, im Normalfall stößt man dabei jedoch auf keinerlei Schwierigkeiten. In akuten Krisen freilich, z. B. nach gewaltsamen Zwischenfällen, kann sich die Lage sehr schnell ändern. Informieren Sie sich am besten vor Ort oder beim Auswärtigen Amt, Tel. 030/30 5000 2000, www.auswaertiges-amt.de

**Jericho ㊱

Diese rund 270 m unter dem Meeresspiegel und damit tiefstgelegene Siedlung der Welt ist nicht nur eine der fruchtbarsten Oasen des ganzen Vorderen Orients, sondern vermutlich auch die älteste ständig bewohnte Stadt überhaupt. Auf dem etwa 2 km außerhalb des heutigen Stadtgebiets gelegenen Hügel Tell es-Sultan gruben Archäologen einen 10 m tiefen Schacht, in dem sie elf übereinander liegende Bebauungsperioden feststellten (Besichtigung tgl. 8–17 Uhr).

9000 Jahre Geschichte

Zuunterst entdeckten sie die Reste einer Anlage aus der Jungsteinzeit, dem 8. Jahrtausend v. Chr. Sie wurde von den Natuf-Leuten bewohnt und verfügte bereits über eine Befestigungsmauer und Rundhäuser aus Trockenziegeln. Ein runder Wehrturm ist noch erkennbar. In einer darüber gelegenen, um tausend Jahre jüngeren Schicht förderte man Kultfiguren und zehn mit einer Gipsmasse überzogene Ahnenschädel zutage. Sie sind im Jerusalemer Rockefeller-Museum.

Schon um 3000 v. Chr. war Jericho ein Handelszentrum der Kanaaniter. Um etwa 1300 v. Chr. ließ Josua, so erzählt das nach ihm benannte Buch des Alten Testaments, die israelitischen Priester ihre Posaunen blasen, woraufhin die Mauern einstürzten.

Erneute Bedeutung erlangte Jericho in römischer Zeit: Mark Anton schenkte die Stadt seiner Kleopatra. Später vermachte Kaiser Oktavian sie Herodes dem Großen, der sich hier einen gewaltigen Winterpalast bauen ließ.

Der derzeit von ca. 10 000 Menschen bewohnten Stadt wurde 1993 durch das Gaza-Jericho-Abkommen. ein begrenzter Autonomiestatus und eine Verwaltungshoheit zugestanden; nach dem Ende der Zweiten Intifada 2005 übergab man Jericho wiederum palästinensischer Kontrolle.

Berg der Versuchung

Am Fuß des Tell es-Sultan entspringt die Quelle des Elischa, deren großes Volumen die üppige, subtropische Vegetation der Oase ermöglicht. Ein

Der Berg der Versuchung in Jericho

Stück westlich von Alt-Jericho erhebt sich der Berg, auf dem Jesus vierzig Tage lang meditiert und gefastet und daraufhin dem Teufel widerstanden haben soll. Auf halber Höhe des »Quruntul«, so die arabische Verballhornung des Kreuzfahrernamens Mons Quaranta (Berg der Vierzig), steht das Ende des 19. Jhs. erbaute griechisch-orthodoxe **Kloster Sarandarion** (tgl. 7–14, 15–18, im Winter bis 16 Uhr).

Palast des Hisham

Rund 4 km nördlich der Stadt befindet sich diese Palast-Ruine (arab.: *Khirbet al-Mafjar*). Sie wurde zwischen 724 und 743 n. Chr. im Auftrag des Kalifen Walid Ibn Yazid erbaut, der sich im Winter von seiner Residenzstadt Damaskus hierher zurückzog. Der Palast wurde bereits im Jahr 747 durch ein Erdbeben fast ganz zerstört.

Zu besichtigen sind u. a. noch die Reste zweier Moscheen, feudaler Wohnräume sowie einer Badeanlage und in der Eingangshalle, dem *Diwan,* ein wunderschönes, an persische Teppiche erinnerndes Mosaik in Form eines Lebensbaums (zugänglich tgl. 8–17 Uhr).

6

Karte
Seite
50

Im Schrein des Buches in Jerusalem sind viele Fundstücke aus Qumran ausgestellt

Ausflüge von Jericho

Von Jericho aus lassen sich mehrere Ausflüge zu religionsgeschichtlich bedeutsamen Orten unternehmen: nur 10 km weiter im Osten, jenseits des Jordan, liegt das biblische Bethanien, wo, glaubt man der Tradition, Jesus von Johannes getauft wurde (s. S. 52). 8 km südlich der Stadt erhebt sich der Berg Nebi Musa, wo gemäß islamischer Überlieferung Moses gestorben sein soll und heute eine Karawanserei samt Moschee aus dem 13. Jh. steht. Und in derselben Richtung – über die parallel verlaufende Straße zu erreichen – liegen die Ruinen und Höhlen von *Qumran. Um 150 v. Chr. war die jüdische Sekte der Essener aus Jerusalem hierher geflohen und hatte sich eine Heimstatt erbaut, die als erstes Kloster der Welt gilt, 31 v. Chr. einem Erdbeben zum Opfer fiel, aber um die Zeitenwende wieder errichtet wurde. Weltberühmtheit genießt der Ort, weil ein Hirtenjunge 1947 in mehreren seiner Höhlen die so genannten **Schriftrollen von Qumran** entdeckte – etliche

um 100 v. Chr. verfasste Schriften, die die ältesten erhaltenen Bibeltexte in hebräischer Sprache darstellen.

An den steilen Felswänden des *Wadi Qelt** klebt sehr malerisch das griechisch-orthodoxe, vermutlich im 5. Jh. entstandene St.-Georgs-Kloster (tgl. Sommer 8–16, Winter 8–15 Uhr).

Kurz hinter Aizariya, dem zweiten biblischen Bethanien an der Ostseite des Ölbergs, wo Jesus Lazarus wieder erweckte, sieht man an sonnigen Nachmittagen die Heilige Stadt in goldenes Licht getaucht vor sich liegen. Hoch über dem Kidrontal leuchten auf dem Tempelberg Felsendom und El-Aqsa-Moschee. Rechts davon erhebt sich der Ölberg. Leider wird die optische Harmonie durch mehrere Hotelklötze und die Trennmauer gestört.

***Jerusalem ⑰

Gleich drei monotheistische Religionen haben den Ruhm und das Schicksal Jerusalems, das 1996 sein 3000-jähriges Bestehen feierte, geprägt. Für

6

Karte Seite 50

die Juden ist es das geistig religiöse Zentrum, seit König David Jerusalem vor knapp 3000 Jahren zu seiner Hauptstadt machte. Für die Christen, weil Jesus von Nazareth hier das Letzte Abendmahl feierte, gekreuzigt wurde und auferstand. Und für Muslime ist Al-Quds der nach Mekka und Medina drittheiligste Ort der Welt, weil Mohammed, wie in der 17. Sure des Koran geschrieben steht, von der Stelle, an der heute der Felsendom steht, auf seiner weißen geflügelten Stute Buraq gen Himmel ritt, um gemeinsam mit Abraham, Moses und Jesus zu beten.

Jerusalem, Al-Quds (die »Heilige«), **Yerushalayim** (der »Ort des Friedens«) ... Jerusalem besitzt allein in seinen Außenbezirken eine enorme Fülle an Sehenswertem. Man denke nur an den Herzlberg, auf dem sich sowohl das Grab Theodor Herzls, des geistigen Begründers des Zionismus, als auch das israelische Parlament, die Knesset, befinden; oder an das Israel-Museum mit seinen Sammlungen archäologischer Fundstücke, französischer Impressionisten und Skulpturen sowie den Schriftrollen von Qumran im »Schrein des Buches«.

Oder an die Gedenkstätte Yad Vashem, die an die Vernichtung von sechs Millionen Juden während der nationalsozialistischen Herrschaft erinnert. Dieser Führer beschränkt sich aus Platzgründen und, weil sich in Jerusalem auf einer Fläche von bloß 1 km² die herausragenden Sehenswürdigkeiten in einmaliger Dichte häufen, auf die Beschreibung der Altstadt. Sie ist in vier traditionelle Viertel gegliedert: das der Christen im Nordwesten, das der Armenier im Südwesten, das weiter östlich gelegene der Juden und im Norden das der Muslime. Die Araber bilden die größte Bevölkerungsgruppe.

Sehenswürdigkeiten

Als Ausgangspunkt für einen Rundgang empfiehlt sich aufgrund seiner zentralen Lage das **Damaskustor** ❶. Es ist das schönste der insgesamt sieben Tore und führt durch die 4 km lange, im 16. Jh. von Sultan Suleiman dem Prächtigen erbaute Stadtmauer direkt in den an Vormittagen voll Leben pulsierenden Basar des muslimischen Viertels.

Über seine Hauptachse, die El-Wad Street, gelangt man in wenigen Minuten zur Al-Mujahedeen Street, der Via Dolorosa, auf die man später zurückkehren wird. Zunächst führt der Weg weiter zum nahen *****Tempelberg** (arab.: *Haram esch-Scharif*).

Auf ihm erhebt sich das Wahrzeichen Jerusalems, der achteckige, zwischen 687 und 691 vom omaijadischen Kalifen Abd el-Malik erbaute *****Felsendom** ❷. Er stellt in architektonischer Hinsicht eines der Meisterwerke des Islam dar. Die Außenwände des 36 m hohen Heiligtums sind mit Marmor und teils türkisfarbenen, teils

6

Karte Seite **94**

Maß der Schönheit

Ein Talmudwort sagt: »Zehn Maße Schönheit kamen vom Himmel; neun Maße erhielt Jerusalem, ein Maß der Rest der Welt.« Obwohl die Stadt ihre ganze Geschichte hindurch ständiger Streitpunkt war, zwischen 1948 und dem Junikrieg 1967 in einen arabischen Ost- und einen israelischen Westteil gespalten war, danach von Israel besetzt und völkerrechtswidrig zwangsvereint wurde und deshalb heftig umstritten ist, kann sich kein Neuankömmling ihrem Reiz entziehen.

*Ein beeindruckender Anblick:
der Felsendom*

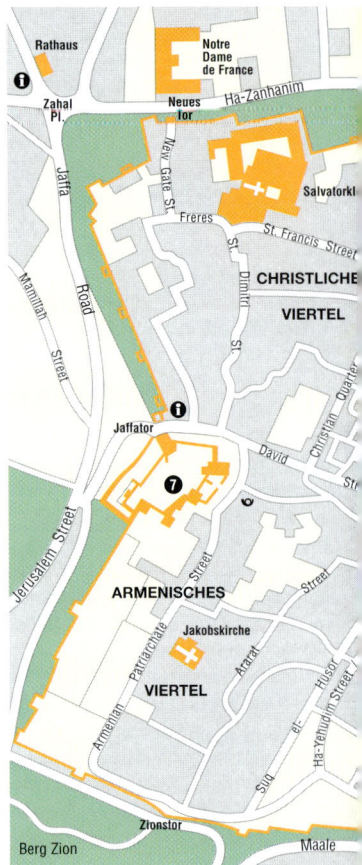

*Blick vom Felsendom auf den
Tempelberg*

6
**Karte
Seite
94**

blauen Kacheln verkleidet. An ihrer
Oberkante hat ein Meister der kalli-
graphischen Steinmetzkunst den Text
der ersten Koransure wiedergegeben.
Und die weithin sichtbare Kuppel des
Felsendoms hat der damalige jordanische König Hussein im Frühsommer
1994 mit 24-karätigem Gold frisch
überziehen lassen. Das imposante Innere des Oktogons wird von zwei Reihen unterschiedlich gestalteter Säulen beherrscht.

Nur wenige Schritte vom Felsendom entfernt, ließ Maliks Sohn, Kalif
Abdul Walid, Anfang des 8. Jhs. die
berühmte ****El-Aqsa-Moschee** ❸ errichten. Sie ist mit ihrer silberfarbenen
Kuppel und mit ihren sieben Schiffen
nicht nur das größte islamische Got-
teshaus der Stadt, sondern dank der
prächtigen Mosaiken und der von Saladin gestifteten Gebetsnische wohl
auch das schönste.

Felsendom und Moschee sind Sa
bis Do 7.30–11 und 12.30–15 Uhr, win-
ters 8–10.30, 12.30–14 Uhr geöffnet.

An der Südwestseite des Tempel-
bergs befindet sich die heiligste Stätte
des Judentums, die ***Klagemauer ❹. Das 18 m hohe Bauwerk war Teil
jener von Herodes dem Großen angelegten Stützmauer für den darüber gelegenen Ersten Tempel. An seinem Fuß
beklagten die Juden die Zerstörung
ihres Heiligtums durch Kaiser Titus
(70 n. Chr.). Noch heute kommen
fromme Juden hierher, um Gott um
Gnade zu bitten. Viele stecken nach
dem Gebet Zettelchen mit Bitten und
Dankessprüchen in die Ritzen der

❶ Damaskustor
❷ Felsendom
❸ El-Aqsa-Moschee
❹ Klagemauer
❺ Erlöserkirche
❻ Grabeskirche
❼ Zitadelle
❽ Stephanstor

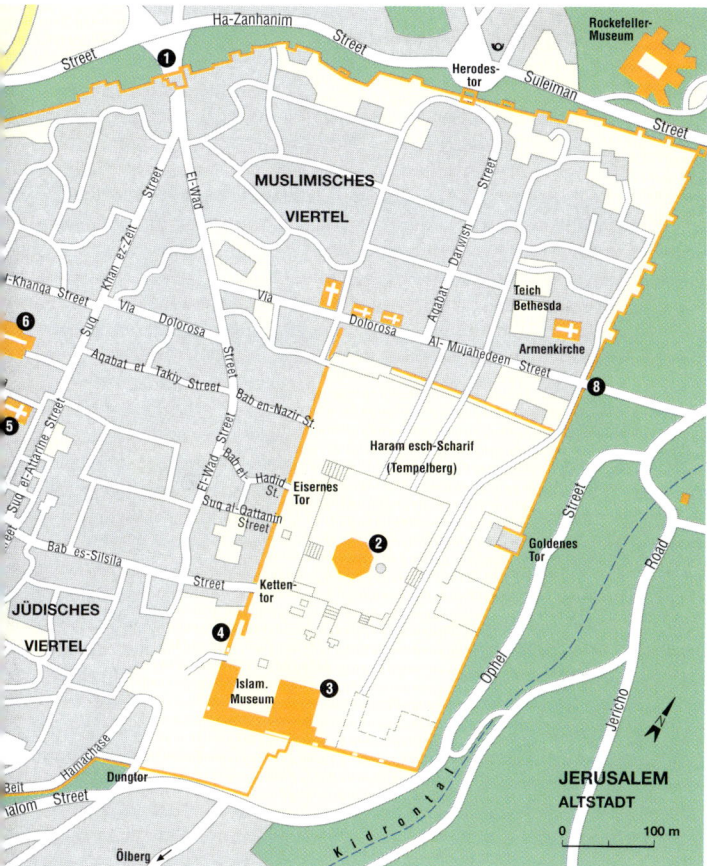

6

**Karte
Seite
94**

JERUSALEM
ALTSTADT

0   100 m

Jerusalem: vor der Klagemauer

Quader aus Kalkstein. Einmal im Monat wird der »Briefkasten Gottes«, wie die Klagemauer im Volksmund auch heißt, vom Oberrabbinat »geleert« und der Inhalt auf dem Ölberg diskret »entsorgt« (immer zugängl.).

Vom großen Vorplatz führt der Weg nun über die Bab es-Silsila Street und den Parfummarkt, den Suq el-Attarin, zur ***Erlöserkirche** ❺ (empfehlenswert: der Panoramablick vom Kirchturm auf die Altstadt, Sa–Do 9–13 und 14–17, Fr 9–13 Uhr) und weiter zur *****Grabeskirche** ❻. Sie wurde ursprünglich zwischen 326 und 335 von Kaiser Konstantin über jenen nahe beieinander liegenden Stätten errichtet, an denen Jesus gekreuzigt, zu Grabe gelegt worden und auferstanden sein soll. Mehrere Zerstörungen durch Eroberer und Brände, aber auch das ständige Wetteifern der christlichen Konfessionen um die Anteile an dem Bau haben zu einer Mischung aus Kapellen und Säulen, Statuen und Bildern geführt. Heute ist der gesamte Innenraum gemäß einer Vereinbarung von 1852 zwischen sechs Konfessionen – der römisch-katholischen, ar-menischen, äthiopischen, koptischen, griechisch-orthodoxen und syrisch-ja-kobitischen Kirche – aufgeteilt. Gemeinsam verwalten sie die Grabeskapelle, in deren Mitte sich in einem winzigen Raum unter einer Grabplatte die letzte Ruhestätte Jesu befindet. Den Zugang zu dem Allerheiligsten überwacht, auch dies ist exakt geregelt, abwechselnd ein Angehöriger einer der sechs Konfessionen (April bis Sept. 5–20, Okt.–März 5–19 Uhr).

Von der Grabeskirche aus lohnt ein Abstecher zur **Zitadelle** ❼ am Jaffator mit dem Städtischen Museum (So, Mo, Mi, Do 10–17, Fr 10–14, Sa 10 bis 16 Uhr). Der eigentliche Weg führt zurück auf die **Via Dolorosa** und auf ihr, entgegen der Richtung, die jeden Freitag Nachmittag die Prozession der Franziskaner in Nachfolge des Leidenswegs Christi nimmt, ostwärts bis zum **Stephanstor** ❽. Hier beginnt der Aufstieg auf den Gipfel des **Ölbergs** vorbei am Mariengrab, dem Garten Gethsemane und der Maria-Magdalena-Kirche mit ihren sieben vergoldeten Zwiebelkuppeln.

ⓘ **Jerusalem** (Altstadt), Jaffa-Tor, So–Do 8.30–17 Uhr, Tel. (02) 627 14 22, www.jerusalem.muni.il. »The Holy Land Guide« mit Anschriften in der Westbank liegt in Banken und Hotels aus.

Busverbindungen: Mit dem JETT-Bus (Abfahrt tgl. 6.30 Uhr 500 m hinter der Abdali Station auf dem Dschebel Hussein, Tel. (06) 566 41 46) bzw. Minibussen oder Sammeltaxen von Amman zur Allenby-Brücke. Nach der israelischen Einreisekontrolle mit einem Sammeltaxi weiter nach Jerusalem oder in andere Orte der Westbank. Busse von Jerusalem nach Bethlehem, Hebron, Jericho und zum Ölberg halten am Jaffator.

6
Karte
Seite
94

King David, Rehov King David 23, Tel. (02) 620 88 88, Fax (02) 620 88 82 bzw. aus Deutschland 00800 326 46 835, www.danhotels.com. Eine geschichtsträchtige, weltbekannte luxuriöse Hotelburg aus hellem Kalkstein. Tolles Spa, Innen- und Außenpool, Nobelrestaurant »La Regence«. ❍❍❍

■ **The American Colony Hotel,** Nablus Road, Ecke Louis Vincent St., Tel. (02) 627 97 77, Fax 627 97 79, www.americancolony.com. Das Hotel in dem ehemaligen Palais eines reichen Osmanen gilt als das schönste in ganz Jerusalem. ❍❍❍

■ **YMCA – Three Arches,** King David Street 26, Tel. (02) 569 26 92, Fax 625 34 38, www.ymca3arch.co.il. Gepflegter Hotelbau aus den 1930er-Jahren, Kulturprogramm. ❍❍

■ **Lutheran Hospice,** St. Mark's Road in der Altstadt, Tel. (02) 628 21 20, Fax 628 51 07. Gästehaus des protestantischen Bischofs. ❍

Ocean, Rivlin Street 7, Tel. (02) 624 75 01. Stilvolles Fischrestaurant; Spitze! ❍❍❍

■ **Arcadia,** Agrippos St. 10, Tel. (02) 624 91 38. Französische Küche in historischen Mauern. ❍❍

■ **El-Marakesh,** 4 King David Street, Tel. (02) 625 12 08. Jüdische Emigranten aus Marokko bieten Spezialitäten ihrer ehemaligen Heimat an. ❍❍

■ **Eucalyptus,** 7 Horkanus Street, Tel. (02) 624 43 31. Zentral, gemütlich, schmackhafte Gerichte. ❍

Ausflüge

Wer mehrere Tage in Jerusalem ist, sollte auch die geschichtsträchtigen Orten in der Umgebung besuchen. Die folgenden Ausflüge sind in einem halben bis ganzen Tag zu bewältigen.

Pilgerstätte **Bethlehem ㊳

Ein Ausflug führt durch die kahle Landschaft 10 km weit in südlicher Richtung nach Bethlehem. Das 35 000-Seelen-Städtchen ist eingekesselt von israelischen Sperranlagen und Checkpoints; seine Bewohner dürfen es nur unter größten Schwierigkeiten verlassen.

In dem von der Geschichte gebeutelten Ort wurde bekanntlich Jesus Christus geboren. So kommen Pilger nicht nur um die Weihnachtszeit nach Bethlehem. Ihr Hauptinteresse gilt der am Südostrand des Ortes auf dem Krippenplatz (engl. Manger Square) gelegenen **Geburtskirche** (tgl. 8 bis 18 Uhr). Sie ist von drei Klöstern (je einem katholischen, armenischen und griechisch-orthodoxen) umbaut und wirkt deshalb ein wenig wie eine Festung. Betreten kann man den ursprünglich 325 von Konstantin dem Großen errichteten, später mehrmals durch Erdbeben und Brände zerstörten, rekonstruierten und umgestalteten Bau lediglich durch eine winzige Türöffnung. Das eindrucksvolle Innere wird durch vier Reihen von jeweils elf roten, mit weißen, korinthischen Marmorkapitellen bekrönten Kalksteinsäulen bestimmt. Über zwei Treppen gelangt man in die Geburtsgrotte – ein teilweise mit Marmor verkleidetes Gewölbe, an dessen östlichem Ende man die Geburtsplatz vermutet. Er wird durch einen Altar und einen in den Boden eingelassenen silbernen Stern markiert mit der Aufschrift: *Hic de Virgine Maria Jesus Christus natus est* – 1717 (»Hier wurde Jesus Christus von der Jungfrau Maria geboren«).

Außerdem sehenswert sind die angrenzende, 1881 von Franziskanern erbaute Katharinenkirche mit ihrem stimmungsvollen Kreuzgang aus der Kreuzritterzeit sowie die 400 m südöstlich der Geburtskirche befindliche

6

Karte
Seite
50

Auch das ist Bethlehem

In der Geburtsgrotte markiert ein silberner Stern den Geburtsplatz Christi

Milchgrotte, in der sich Maria mit ihrem Kind vor der Flucht nach Ägypten verborgen haben soll.

ℹ️ Ein **Touristeninformationsbüro** befindet sich am Manger Square, Tel. (02) 74 15 81.

🏠 **Sheperd Hotel Bethlehem,** Nasser Street, Tel. (02) 274 06 56, Fax 274 48 88. Ein gut ausgestattetes, mittelgroßes Haus im Ortskern, mit Restaurant. ○○

🍴 **Al-Amir-Restaurant,** Nativity Square, Tel. (02) 272 47 83. Kulinarisches aus Orient und Okzident. ○○

*Hebron ㊴

Wichtigste Sehenswürdigkeit ist der von Muslimen und Juden gleichermaßen verehrte **Haram el-Khalil,** die Grabstätte des Patriarchen Abraham, der seinerzeit hier die Höhle Machpela für das Grab seiner Frau Sara kaufte. Die gigantischen Umfassungsmauern erhielt der 59 m lange und 34 m breite Bau unter Herodes dem Großen, seine Innenausstattung teilweise durch die Byzantiner, später durch Kreuzritter und Araber. Die Kenotaphe im Vorhof

und in der Moschee liegen genau dort, wo laut Überlieferung neben den sterblichen Überresten Abrahams auch die von Isaak und Jakob sowie deren Frauen Rebekka und Lea begraben wurden (tgl. außer Fr und islamische Fei 7.30–11.30, 13.30–15 Uhr). Mitten im Herzen des arabischen Hebron werden zirka 400 israelische Siedler von 500 israelischen Soldaten »beschützt«, es herrscht eine dementsprechend angespannte Atmosphäre.

Nablus ㊵

Ein weiterer Ausflug führt in nördlicher Richtung durch kahle Landschaft an Ramallah und dem Universitätszentrum Bir Zeit vorbei zum Hauptort der Region Samaria (50 000 Einw.). Nablus ist das religiöse Zentrum der Samaritaner, einer nur 500 Mitglieder umfassenden Glaubensgemeinschaft, die sich nach der Rückkehr aus der Babylonischen Gefangenschaft von den übrigen Juden abspaltete. In der Synagoge im Südwesten der Stadt bekommt man – gegen Trinkgeld – eine Thorarolle gezeigt, die, so wird behauptet, 30 Jahre nach der hebräischen Besetzung Palästinas geschrieben wurde, tatsächlich aber wohl aus dem Mittelalter stammt.

Gut 10 km hinter Nablus erreicht man, als letzte Station, **Sebastiya,** das biblische Samaria. Hier haben sich Reste diverser Bauperioden erhalten.

Infos von A–Z

Ärztliche Versorgung

Krankenhäuser und ärztliche Behandlungen in Amman und Aqaba haben nahezu westeuropäisches Niveau. **Deutschsprachige Ärzte** können die Botschaften in Amman nennen.

Devisenbestimmungen

Für Devisen gibt es keinerlei Ein- oder Ausfuhrbeschränkungen. Jordanische Dinare (JD) dürfen nur bis max. 50 JD eingeführt werden. Fremdwährungen und Travellerschecks können problemlos in Banken, Hotels und bei Wechselstuben in Amman und Aqaba umgetauscht bzw. eingelöst werden.

Diplomatische Vertretungen

▌ **Deutsche Botschaft:** Dschebel Amman, 25 Benghasi St., Tel. (06) 593 03 51, Fax 592 94 13, www.amman.diplo.de, So–Mi 8–16.30, Do 8–13 Uhr.
▌ **Österreichische Botschaft:** Dschebel Amman, 36 Mithqal Al-Fayez St., Tel. (06) 460 11 01, Fax 461 27 25, amman-ob@bmaa.gv.at, So–Do 9–12 Uhr.
▌ **Schweizer Botschaft:** Dschebel Amman, nahe 4th Circle, 19, Ibrahim Ayoub St. (Embassies Street), Tel. (06) 593 14 16, Fax 593 06 85, vertretung@amm.rep.admin.ch, So–Do 9–12 Uhr.

Einkaufen

Keramik: Die traditionelle Herstellung von Töpfen und Kacheln wird gefördert (in Amman: Silsal Pottery, Tel. (06) 568 01 28. Glas: Die Hebron Glass Factory südwestlich von Amman ist Zentrum der traditionellen Glasproduktion. Teppiche: Knüpfware gehört zur Grundausstattung jordanischer Häuser. Beliebte Mitbringsel sind auch Kaffeeservices aus Kupfer oder Messing, Einlegearbeiten aus Holz und Perlmutt sowie Flaschen, die mit buntem Sand gefüllt sind.

Hochwertiges und authentisches Kunsthandwerk der Beduinen bietet u. a. der Laden »Made in Jordan« in Wadi Musa/Petra an.

Einreise/Ausreise

Deutsche, Österreicher und Schweizer benötigen ein Visum. Es wird bei der Einreise am Queen Alia Airport ausgestellt (10 JD; gratis bei Einreise über Aqaba. s. S. 85). Der Reisepass muss noch mind. sechs Monate nach dem Einreisedatum gültig sein, bei Einreise auf die Westbank mind. neun Monate. Wer länger als zwei Wochen bleibt, muss sich nach 14 Tagen einen Registrierstempel auf der Polizeistation einer größeren Stadt holen (gilt nicht für Gruppenvisa). Bei der Ausreise wird eine Gebühr von 10 JD erhoben.

Feiertage

An den gesetzlichen Feiertagen – ungeachtet des religiösen oder staatlichen Anlasses – sind Ämter und fast alle Geschäfte geschlossen. Museen und andere Sehenswürdigkeiten sind jedoch kaum davon betroffen.

Die religiösen Feiertage orientieren sich am islamischen Mondkalender. Da das Mondjahr um 10–11 Tage kürzer als das Sonnenjahr ist, verschieben sich die Feiertage gegenüber dem gregorianischen Kalender um diese Zeitspanne nach vorn.

Die Daten der staatlichen Feiertage richten sich nach dem gregorianischen Kalender.

Religiöse Feiertage: Islamisches Neujahr: 31.12.2006, 20.1.2007, 10.1. 2008; Maulid an-Nabi (Geburtstag des Propheten): 31.3.2007, 20.3. 2008; Anfang des Fastenmonats Ramadan: 24.9.2006, 13.9.2007,

1.9. 2008; Eid al-Fitr (Ende des Ramadan): 24.–26.10.2006, 13.–15.10.
2007, 1.–3.10.2008; Eid al-Adha
(Opferfest): 31.12.2006, 20.12.2007,
8.12.2008. Auch der bewegliche Os-
tersonntag ist gesetzlicher Feiertag.
Staatliche Feiertage: 1. Jan. Neujahr;
30. Jan. Geburtstag König Abdullah II;
1. Mai Tag der Arbeit; 25. Mai Unab-
hängigkeitstag; 14. Nov. Gedenktag
anlässlich des Geburtstags König
Husseins; 25. Dez. Weihnachten.

Fotografieren
Das Ablichten militärischer Objekte
und von Polizisten ist streng verboten.
Wollen Sie Menschen aufnehmen, bitten Sie vorher unbedingt um Erlaubnis. Film- und Fotomaterial ist in Jordanien ca. 25 % teurer als in Europa.

Frauen allein unterwegs
In Jordanien allein zu reisen ist für
Frauen kein Problem. Allerdings sollten Sie sich sehr dezent, d. h. körper-
bedeckend, kleiden. Verhalten Sie
sich Männern gegenüber höflich, aber
reserviert. Falls Sie doch einmal in
eine heikle Situation geraten, zögern
Sie nicht, Passanten um Hilfe zu bitten
oder laut das Wort »ayb« (Schande)
zu rufen – die Umstehenden werden
sofort für Sie Partei ergreifen. Wie in
allen Ländern der Welt sollten Frauen
nie allein per Autostopp reisen!

Geld und Währung
Landeswährung ist der Jordanische
Dinar (JD), als inoffizielle Währung
fungiert der US-Dollar. Der Jordanische Dinar wird in 1000 Fils oder 100
Piaster unterteilt. An Banknoten zirku-
lieren 500 Fils, 1, 5, 10 und 20 Dinar,
als Münzen 5, 10, 20, 25, 50, 100 und
250 Fils. Gängige Kreditkarten sind
Visa und American-Express (in Amman
auch Bargeld-Abhebung am Automa-
ten möglich). In Hotels und Banken
werden auch Mastercards akzeptiert,
Travellerschecks sind zweckmäßig.

Gesundheit
Es wird kein besonderer Impfnach-
weis verlangt. Dennoch ist es ratsam,
Tetanus- und Polioimpfungen auffri-
schen zu lassen. Die Reiseapotheke
sollte Medikamente gegen Magen-,
Darm- und Durchfallerkrankungen,
Entkeimungstabletten für Trinkwasser
sowie Nasen- und Augentropfen (Er-
kältung, Staub) enthalten. Generell
viel trinken (Tee, Mineralwasser).

Information
▌ **Jordan Tourism Board,** P.O. Box
830 688, Amman, Tel. (06) 567 84 44,
Fax 567 82 95, www.visitjordan.com
▌ **Deutschland:** c/o Adam & Partner,
Postfach 160 120, 60329 Frank-
furt/M., Tel. 0 69/9 31 88 70, Fax
92 31 88 79, jordan@adam-partner.de
▌ **Österreich:** c/o Aviareps,
1040 Wien, Argentinierstr. 2/4, Tel.
(01) 585 363 087, Fax 585 363 088,
jordann@aviareps.com
▌ **Schweiz:** c/o Aviareps, 8004 Zürich,
Badenerstr. 15, Tel. (044) 286 99 99,
Fax 286 99 00,
Simon.Bopp@zrh.airlinecenter.ch

Kleidung
Man sollte robuste und strapazierfähi-
ge Kleidung aus Natur- (Baumwolle)
oder Mikrofasern sowie bequeme
Schuhe mitnehmen: von Juni bis Oktober leichte, körperbedeckende Som-
merkleidung, von Oktober bis Juni auf
dem Hochplateau und in Amman Woll-
sachen und Regenkleidung. In Aqaba
benötigt man im Winter nur einen
leichten Pullover. Festes Schuhwerk
und Sonnenschutz sind unerlässlich.
Beim Betreten einer Moschee die
Schuhe ausziehen; Frauen sollten
einen Umhang (Jalabija), der am Eingang angeboten wird, anlegen.

Netzspannung

220 Volt Wechselspannung, Adapter gibt es in den größeren Hotels.

Notruf

▮ Landesweit – Polizei, Tel. 192. Ambulanz, Tel. 193. Feuerwehr, Tel. 193, 198.

Öffnungszeiten

Am islamischen Wochenende (Do nachmittags und Fr) sind Behörden und die meisten Geschäfte geschlossen, während des Ramadans meist schon am späten Mittag. Christliche Läden schließen sonntags.
▮ **Banken:** 8.30–12.30, teilweise auch 15.30–17.30 Uhr.
▮ **Geschäfte:** 8–13 und 15.30 bis 19.30 Uhr, im Winter 8.30–13.30 und 15–18.30 Uhr.
▮ **Post:** Sa–Do 7–19, im Winter bis 17, Fr 7–13 Uhr.
▮ **Restaurants:** in der Regel 13–15 und ab 20 Uhr.

Postgebühren

Briefe nach Europa sind mit 300-Fils-, Postkarten mit 200-Fils-Briefmarken zu frankieren zu frankieren und mit dem Zusatzvermerk *barid jowwy*/Airmail (= Luftpost) zu versehen.

Sicherheit

Generell ist Jordanien ein sehr sicheres Reiseland. Seit den terroristischen Anschlägen auf drei Luxushotels in Amman im Herbst 2005 rät das Auswärtige Amt (www.auswaertiges-amt.de) zu erhöhter Vorsicht an touristischen Orten und öffentlichen Einrichtungen.

Telefon und Internet

Internationale Gespräche sind von Telefonzellen problemlos möglich (die erforderlichen Telefonkarten verkaufen u. a. Buch- und Schreibwarenlä-

den). Von Hotels aus muss man mit erheblichen Preisaufschlägen rechnen.

Das Mobiltelefonnetz hat europäischen Standard, die Roaming-Preise sind allerdings horrend.

Internationale Vorwahlnummern
▮ Deutschland: 00 49
▮ Österreich: 00 43
▮ Schweiz: 00 41
▮ Jordanien: 00 962, dann Ortsvorwahl ohne Null, dann Teilnehmernr.
▮ Israel/Jerusalem: 00 972
▮ Palästinensische Autonomiegebiete: 00 970

Auskunft (auch englischsprachig) für Amman: Tel. 121, für das restliche Land: Tel. 131, international: Tel. 0132.

Internetcafés sind in Amman reichlich vertreten, siehe z. B. S. 33.

Trinkgeld

Hohes Niveau! Taxifahrer, Personal in Hotels und Restaurants erwarten 10 % des Rechnungsbetrags, mind. 1 JD.

Versicherungen

Der Abschluss einer Reisegepäck- und Krankenversicherung ist anzuraten. Achten Sie darauf, dass auch Unfälle von der Versicherung gedeckt werden.

Zeit

MEZ plus eine Stunde.

Zollbestimmungen

Zollfrei sind persönliche Gegenstände, pro Person je eine Foto- und eine Filmkamera, 200 Zigaretten bzw. 50 Zigarren o. 200 g Tabak, 1 l Wein bzw. Spirituosen sowie Parfum für den Eigengebrauch. Videokameras und Laptops müssen bei der Einreise deklariert werden. Die Ausfuhr von Korallen und anderen Produkten aus geschützten Arten ist verboten. Beim Erwerb von Schmuck, Teppichen oder Antiquitäten sollte man an die Einfuhrbestimmungen im Heimatland denken.

Langenscheidt Mini-Dolmetscher Englisch

Allgemeines

Guten Morgen.	Good morning. [gud **moh**ning]
Guten Tag. (nachmittags)	Good afternoon. [gud after**nuhn**]
Hallo!	Hello! [**häll**oh]
Wie geht's?	How are you? [hau **ah**_ju]
Danke, gut.	Fine, thank you. [**fain**, **θänk**_ju]
Ich heiße ...	My name is ... [mai **nehm**_is]
Auf Wiedersehen.	Goodbye. [gud**bai**]
Morgen	morning [**moh**ning]
Nachmittag	afternoon [after**nuhn**]
Abend	evening [**ihw**ning]
Nacht	night [nait]
morgen	tomorrow [tu**morr**oh]
heute	today [tu**deh**]
gestern	yesterday [**jes**terdeh]
Sprechen Sie Deutsch?	Do you speak German? [du_ju spihk **dsehöh**mən]
Wie bitte?	Pardon? [**pahdn**]
Ich verstehe nicht.	I don't understand. [ai **dohnt** ander**ständ**]
Würden Sie das bitte wiederholen?	Would you repeat that please? [wud_ju ri**piht** öät, **plihs**]
Langsamer bitte!	Could you speak a bit more slowly, please? [kud_ju spihk_ə bit moh **slou**li **plihs**]
bitte	please [**plihs**]
danke	thank you [**θänk**_ju]
Keine Ursache.	You're welcome. [joh **wäll**kamm]
was / wer / welcher	what / who / which [wott / huh / witsch]
wo / wohin	where [wäə]
wie / wie viel	how / how much [hau / hau **matsch**]
wann / wie lange	when / how long [wänn / hau **long**]
warum	why [wai]
Wie heißt das?	What is this called? [**wott**_is öis kohld]
Wo ist ...?	Where is ...? [**wäər**_is ...]
Können Sie mir helfen?	Can you help me? [kän_ju **hälp**_mi]
ja	yes [jäss]
nein	no [noh]
Entschuldigen Sie.	Excuse me. [iks**kjuhs** mi]
rechts	on the right [on öə reit]
links	on the left [on öə left]

Sightseeing

Gibt es hier eine Touristeninformation?	Is there a tourist information? [is_öər_ə **tuə**rist infəmehschn]
Haben Sie einen Stadtplan / ein Hotelverzeichnis?	Do you have a city map / a hotel guide? [du_ju häw_ə ßiti mäpp / hoht**äll** gaid]
Welche Sehenswürdigkeiten gibt es hier?	What are the local sights? [**wott**_ə öə lohkl ßaits]
Wann ist ... geöffnet?	When are the opening hours of ...? [**wänn**_ah öi **ohp**ning auers əw ...]
das Museum	the museum [öə mjusih**əm**]
die Kirche	the church [öə **tschöh**tsch]
die Ausstellung	the exhibition [öi egsi**bisch**n]
Wegen Restaurierung geschlossen.	Closed for restoration. [**klohsd** fə rästərehschn]

Shopping

Wo gibt es ...?	Where can I find ...? [**wäə** kən_ai faind ...]
Wie viel kostet das?	How much is this? [**hau**_matsch is_öis]
Das ist zu teuer.	This is too expensive. [öis_is **tuh** iks**pänn**ßiw]
Das gefällt mir (nicht).	I like it. / I don't like it. [ai **laik**_it / ai **dohnt laik**_it]
Gibt es das in einer anderen Farbe / Größe?	Do you have this in a different colour / size? [du_ju **häw**_öis in_ə **diff**rənt **kall**er / ßais]
Ich nehme es.	I'll take it. [ail **tehk**_it]
Wo ist eine Bank / ein Geldautomat?	Where is a bank / a cash dispenser? [**wäər**_is ə_**bänk** / _ə **käsch** dis**pänn**ser]
Geben Sie mir 100 g Käse / zwei Kilo ...	Could I have a hundred grams of cheese / two kilograms of ... [kud_ai **häw**_ə **hann**drəd grämms_əw **tschih**s / **tuh kill**əgrämms_əw ...]
Haben Sie deutsche Zeitungen?	Do you have German newspapers? [du_ju häw **dsehöh**mən **njuhs**pehpers]
Wo kann ich telefonieren / eine Telefonkarte kaufen?	Where can I make a phone call / buy a phone card? [**wäə** kən_ai mehk_ə **fohn**_kohl / bai_ə **fohn**_kahd]

Notfälle

Ich brauche einen Arzt / Zahnarzt.	I need a doctor / a dentist. [ai **nihd**_ə **dock**ter / ə **dänn**tist]
Rufen Sie bitte einen Kranken-wagen / die Polizei.	Please call an ambulance / the police. [plihs kohl ən_**ämm**bjuləns / ðə **pə**lihs]
Wir hatten einen Unfall.	We've had an accident. [wihw **häd** ən_**äck**ßidənt]
Wo ist das nächste Polizeirevier?	Where is the nearest police station? [**wäər**_is ðə **niər**əst pə**lihs** stehschn]
Ich bin bestohlen worden.	I have been robbed. [ai həw bihn **robbd**]
Mein Auto ist aufgebrochen worden.	My car has been broken into. [mai **kah** həs bihn **brohk**ən **inn**tu]

Essen und Trinken

Die Speise-karte, bitte.	The menu please. [ðə **männ**ju plihs]
Brot	bread [bräd]
Kaffee	coffee [**koff**i]
Tee	tea [tih]
mit Milch / Zucker	with milk / sugar [wið_**milk** / **schugg**er]
Orangensaft	orange juice [**orr**əndseh_dsehuhs]
Mehr Kaffee, bitte.	Some more coffee please. [ßəm_moh **koff**i plihs]
Suppe	soup [ßuhp]
Fisch	fish [fisch]
Fleisch	meat [miht]
Geflügel	poultry [**pohl**tri]
Beilage	sidedish [**ßaidd**isch]
vegetarische Gerichte	vegetarian food [wädsehətäriən fud]
Eier	eggs [ägs]
Salat	salad [**ßäl**əd]
Dessert	dessert [di**ßöht**]
Obst	fruit [fruht]
Eis	ice cream [ais **krihm**]
Wein	wine [wain]
weiß / rot / rosé	white / red / rosé [wait / räd / **roh**seh]
Bier	beer [biə]
Aperitif	aperitif [ə**pärr**ətihf]
Wasser	water [**woht**er]
Mineralwasser	mineral water [**minn**rəl wohter]
mit / ohne Kohlensäure	sparkling / still [**ßpahk**ling / still]
Limonade	lemonade [**lämm**ənehd]
Frühstück	breakfast [**bräck**fəst]
Mittagessen	lunch [**lann**tsch]
Abendessen	dinner [**dinn**er]

ein Imbiss	a snack [ə_**ß**näck]
Ich möchte bezahlen.	I would like to pay. [ai_wud **laik** tə peh]
Es war sehr gut / nicht so gut.	It was very good / not so good. [it_wəs **wärri** gud / **nott**_ßoh gud]

Im Hotel

Ich suche ein gutes / ein nicht zu teures Hotel.	I am looking for a good / not too expensive hotel. [aim **luck**ing fər_ə **gud** / **nott** tu ick**spänn**ßiw hoh**täll**]
Ich habe ein Zimmer reserviert.	I have booked a room. [ai həw **buckt** ə **ruhm**]
Ich suche ein Zimmer für ... Personen.	I am looking for a room for ... persons. [aim **luck**ing fər_ə **ruhm** fə ... **pöh**ßns]
Mit Dusche und Toilette.	With shower and toilet. [wið **schauə**r_ənd **toil**ət]
Mit Balkon / Blick aufs Meer.	With a balcony / overlooking the sea. [wið_ə **bälk**əni / ohwer**luck**ing ðə **ßih**]
Wie viel kostet das Zimmer pro Nacht?	How much is the room per night? [**hau**_mətsch is ðə ruhm pə_nait]
Mit Frühstück?	Including breakfast? [in**kluh**ding **bräck**fəst]
Kann ich das Zimmer sehen?	Can I see the room? [kən_ai **ßih** ðə ruhm]
Haben Sie ein anderes Zimmer?	Do you have another room? [du_ju **häw** ənaðer ruhm]
Das Zimmer gefällt mir (nicht).	I like the room. / I don't like the room. [ai **laick** ðə ruhm / ai **dohnt laick** ðə ruhm]
Kann ich mit Kreditkarte bezahlen?	Do you accept credit cards? [du_ju əck**ßäppt kräd**it_kahds]
Wo kann ich parken?	Where can I park the car? [wäə kən_ai **pahk** ðə **kah**]
Können Sie das Gepäck in mein Zimmer bringen?	Could you bring the luggage to my room? [kud_ju **bring** ðə **lagg**idsch tə_mai **ruhm**]
Haben Sie einen Platz für ein Zelt / einen Wohn-wagen / ein Wohnmobil?	Is there room for a tent / a caravan / a camper? [is_ðə **ruhm** fər_ə **tänt** / ə **kär**əwən / ə **kämp**er]
Wir brauchen Strom / Wasser.	We need electricity / water. [wi **nihd** i**läck**trissəti / **woht**er]

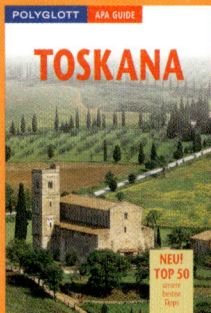

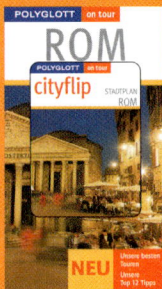

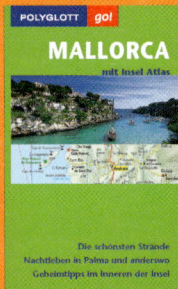

Urlaubskasse

Tasse Kaffee	0,30–0,45 €
Softdrink	0,30–0,70 €
Flasche Bier	1,10–1,70 €
Shawarma- oder Falafel-Brot	0,20–0,40 €
Portion Baklawa	0,10 €
Taxifahrt (10 Min. innerstädtisch)	0,80–1,10 €
Mietwagen/Tag	ab 28 €
1 l Superbenzin	0,67 €

www.polyglott.de

travelchannel.de
tested for happiness

**Polyglott im Internet: www.polyglott.de,
im travelchannel unter www.travelchannel.de**

Alle Informationen stammen aus zuverlässigen Quellen und wurden
sorgfältig geprüft. Für ihre Vollständigkeit und Richtigkeit können wir jedoch
keine Haftung übernehmen.
Ergänzende Anregungen bitten wir zu richten an:
Polyglott Verlag, Redaktion, Postfach 40 11 20, 80711 München.
E-Mail: redaktion@polyglott.de

Impressum

Herausgeber: Polyglott-Redaktion
Autor: Walter M. Weiss
Autor Special: Dr. Gerhard Heck
Lektorat: Beatrix Müller
Layout: Ute Weber, Geretsried
Titelkonzept-Design: Studio Schübel Werbeagentur GmbH, München
Satz Special: Carmen Marchwinski, München
Karten und Pläne: Gundula Hövelmann, Cordula Mann
Satz: Schulz Bild + Text, Dagebüll

Erste Auflage 2006/2007
© 2006 by Polyglott Verlag GmbH, München
Printed in Germany
Dieses Buch wurde auf chlorfrei gebleichtem Papier gedruckt.
ISBN-13: 978-3-493-56898-1
ISBN-10: 3-493-56898-3

Infos zu Städten und Touren

*Amman

Highlights: Bummel über den Suq, Al-Hussein-Moschee, *Römisches Theater, Folkloremuseum, Museum für jordanisches Brauchtum, Musikveranstaltungen im Odeon, *Zitadellenhügel Dschebel al-Qalaà mit Archäologischem Museum und Omaijaden-Palast, König-Abdullah-Moschee, Abu-Darwish-Moschee, Ausflug ins malerische Wadi es-Sir mit Burg **Qasr el-Abd in Iraq el-Amir, Abstecher ins Museumsdorf Kan Zaman Village, Zentrum der Royal Society for Conservation of Nature

***Petra

Dauer: zwei Tage
Highlights: Felsformationen und Schatzhaus Khazne Faraun im **Inneren Siq, Äußerer Siq mit Straße der Fassaden, Hoher Opferplatz, Löwenbrunnen, Gartentempel, Grab des römischen Soldaten, Theater, Königswand mit Urnengrab, Seidengrab, Korinthischem Grab, Palastgrab und Mausoleum des Sextius Florentius, antiker Boulevard Cardo Maximus, Reste des Großen Tempels, Tempel der geflügelten Löwen, Tempel Qasr al-Bint, Archäologisches Museum, Nabatäergrab Kolumbarium

Tour 1

Amman → **Totes Meer → **Jordantal *Pella → *Gadara → Irbid → ***Jerash → Amman
Länge: ca. 400 km
Dauer: mind. 1 Tag
Highlights: **Totes Meer, fruchtbares **Jordantal, Ausgrabungen von *Pella, Römerstadt *Gadara, archäologische Stätten Abila und Capitolias, charmantes Irbid, Römerbauten von *Umm el-Jimal, Ruinen von ***Jerash (Gerasa), Wälder des Dibbeen-Nationalparks, Burgruine *Qala'at er-Rabat in Ajlun, Ajlun-Nationalpark